DUDEN
Schülerhilfen

Gleichungen und Ungleichungen 2

DUDEN Schülerhilfen

DEUTSCH

Aufsatz 1
2. und 3. Schuljahr

Aufsatz 2
3. und 4. Schuljahr

Aufsatz/Erzählen
5. bis 7. Schuljahr

Aufsatz/Beschreibung
7. bis 10. Schuljahr

Aufsatz/Inhaltsangabe
7. bis 9. Schuljahr

Aufsatz/Bericht
8. bis 10. Schuljahr

Aufsatz/Erörterung
8. bis 10. Schuljahr

Schreibspiele
ab 3. Schuljahr

Lesespiele
ab 3. Schuljahr

Rechtschreibung 1
2. und 3. Schuljahr

Rechtschreibung 2
3. und 4. Schuljahr

Rechtschreibung 3
4. und 5. Schuljahr

Rechtschreibung 4
5. und 6. Schuljahr

Rechtschreibung 5
7. und 8. Schuljahr

Grundwortschatz
3. und 4. Schuljahr

Schön schreiben und gestalten
2. bis 4. Schuljahr

Grammatik
4. und 5. Schuljahr

MATHEMATIK

Grundrechenarten 1
ab 2. Schuljahr

Grundrechenarten 2
ab 3. Schuljahr

Größen und Maße
ab 5. Schuljahr

Rechenspiele
ab 4. Schuljahr

Gleichungen und Ungleichungen 1
5. und 6. Schuljahr

Rechenbäume – Terme – Texte
5. und 6. Schuljahr

Lösen von Sachaufgaben
5. und 6. Schuljahr

Flächen und ihre Berechnung 1
5. bis 8. Schuljahr

Körper und ihre Berechnung 1
5. bis 8. Schuljahr

Dezimalbrüche
6. Schuljahr

Teiler und Vielfache
6. Schuljahr

Brüche
6. und 7. Schuljahr

Dreisatz und Prozente
6. bis 8. Schuljahr

Aufbau des Zahlensystems, vollständige Induktion
ab 7. Schuljahr

Gleichungen und Ungleichungen 2
7. und 8. Schuljahr

Dreieckskonstruktionen
7. und 8. Schuljahr

Viereckskonstruktionen
7. und 8. Schuljahr

Bruchgleichungen und Bruchungleichungen
8. Schuljahr

Textgleichungen 1
8. Schuljahr

Gleichungen mit zwei Unbekannten
8. und 9. Schuljahr

Textgleichungen 2
7. bis 9. Schuljahr

Quadratische Gleichungen und Ungleichungen
9. Schuljahr

Wurzeln und Potenzen
9. und 10. Schuljahr

Flächen und ihre Berechnung 2
9. und 10. Schuljahr

Körper und ihre Berechnung 2
9. und 10. Schuljahr

Trigonometrie
10. Schuljahr

Logarithmen und Exponentialgleichungen
10. Schuljahr

CHEMIE

Grundlagen der Chemie
8. bis 10. Schuljahr

Weitere Bände sind in Vorbereitung

DUDEN Schülerhilfen

Gleichungen und Ungleichungen 2

Äquivalenzumformungen und Lösungswege

von Hans Borucki
mit Illustrationen
von Detlef Surrey

DUDENVERLAG
Mannheim · Leipzig · Wien · Zürich

Die Deutsche Bibliothek – CIP-Einheitsaufnahme
Duden-Schülerhilfen
Mannheim; Leipzig; Wien; Zürich: Dudenverl.
Früher im Verl. Bibliograph. Inst., Mannheim, Wien, Zürich
Mathematik. Gleichungen und Ungleichungen 2.
Äquivalenzumformungen und Lösungswege / von Hans Borucki. – 1999
ISBN 3-411-70682-1

2. Auflage
Das Werk wurde in neuer Rechtschreibung verfasst.

Redaktion: Dr. Gerd Grill
Herstellung: Petra Moll
Umschlaggestaltung: Mischa Acker
Satz: particular Preprint- & Medien-Service,
Axel & Kai-Uwe Schilling GbR, Bonn
Druck: Neue Stalling GmbH, Oldenburg
Gedruckt auf Eural Super Recyclingpapier matt gestrichen
Bindearbeit: Schöneberger Buchbinderei, Berlin
Printed in Germany
ISBN 3-411-70682-1

Liebe Schülerinnen und Schüler,

Gleichungen, Gleichungen, Gleichungen! Wo man auch hinschaut, nichts als Gleichungen!

Der ganze Sinn und Zweck des Mathematikunterrichts scheint einzig und allein darin zu bestehen, Gleichungen aufzustellen und Gleichungen zu lösen.

In der Tat: Gleichungen spielen in der Mathematik eine ganz wichtige Rolle. Aber nicht nur im Mathematikunterricht, auch in Physik, Chemie, Biologie und vielen anderen Fächern treten sehr häufig Gleichungen auf. Und das liegt ganz einfach daran, dass sich die meisten Naturgesetze in Form von Gleichungen darstellen lassen. Wer sich also in Natur und Technik einigermaßen auskennen will, der muss mit Gleichungen so vertraut sein, dass er sie gewissermaßen im Schlafe lösen kann. Viele Schüler haben damit aber bereits im wachen Zustand mancherlei Schwierigkeiten. Für sie ist dieser Band der Duden-Schülerhilfen gedacht. Hier lernen sie den Umgang mit Gleichungen von der Pike auf. Vorausgesetzt wird dabei lediglich die Beherrschung der vier Grundrechenarten mit positiven und negativen Zahlen.

Der Zugang zu den Gleichungen erfolgt mit großer Ausführlichkeit in sehr kleinen Lernschritten. An jeden dieser Schritte schließt sich, vorbereitet durch zahlreiche vollständig durchgerechnete Beispiele, ein umfangreicher Aufgabenblock an. Er bietet reichlich Gelegenheit, den neuen Stoff einzuüben und zu vertiefen. Ein Test am Ende eines jeden Kapitels ermöglicht es, den erzielten Lernerfolg zu überprüfen. Die Lösungen der Aufgaben befinden sich auf den Seiten 106 bis 112.

Vorwort

Um dir die Orientierung zu erleichtern, sind kleine optische Hilfen eingebaut. Besonders gekennzeichnet sind auf diese Weise

Merksätze, ⟶ 

Regeln, ⟶ 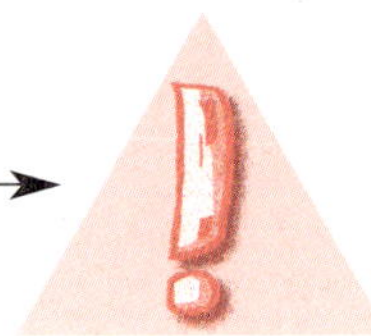

Beispiele, ⟶ 

Übungsaufgaben ⟶ 

und **Lösungen.** ⟶ 

Ich wünsche euch, dass eure Mathematiknote, nachdem ihr diesen Band der Duden-Schülerhilfen durchgearbeitet habt, ein Element aus der Lösungsmenge der Ungleichung

$$(2x + 3) \cdot 6 - 11x \geqq 4 \cdot (3x - 1)$$

in der Grundmenge der natürlichen Zahlen ist.

Hans Borucki

Mellrichstadt, im Frühjahr 1999

Übrigens: Über 200 Textaufgaben, die zu solchen Gleichungen führen, wie sie in diesem Band behandelt werden, findet ihr im Band „Textgleichungen 1" der Duden-Schülerhilfen.

Einleitung

Gleichungen und Ungleichungen sind Steckbriefe für Zahlen!

Die Ungleichung $3 \cdot x < 15$

ist der Steckbrief für alle diejenigen Zahlen, deren Dreifaches kleiner als 15 ist.

Bevor wir uns nun aber auf die Suche nach den in diesem Steckbrief beschriebenen Zahlen machen, legen wir erst noch fest, unter welchen Zahlen wir die Fahndung aufnehmen wollen.

Diese Zahlen fassen wir zur so genannten **Grundmenge** zusammen. Unsere Fahndung richtet sich also grundsätzlich nur auf die Elemente der Grundmenge!

Unter Zahlen, die nicht zur Grundmenge gehören, wird nicht gefahndet!

Wenn wir beispielsweise als Grundmenge für unsere Fahndung die Menge der natürlichen Zahlen $\{0, 1, 2, 3, 4, 5, 6, \ldots\}$ nehmen, dann müssen wir jede natürliche Zahl daraufhin überprüfen, ob der Steckbrief auf sie zutrifft.

Das ist der Fall bei den natürlichen Zahlen 0, 1, 2, 3 und 4, denn:

$3 \cdot 0 < 15$; stimmt!
$3 \cdot 1 < 15$; stimmt!
$3 \cdot 2 < 15$; stimmt!
$3 \cdot 3 < 15$; stimmt!
$3 \cdot 4 < 15$; stimmt!

Diese Zahlen fassen wir zur **Lösungsmenge** der Ungleichung zusammen und schreiben dafür:

$$\mathbb{L} = \{0, 1, 2, 3, 4\}.$$

Alle übrigen Zahlen der Grundmenge sind nun außer Verdacht und können ungehindert ihres Weges gehen, denn:

$3 \cdot 5 < 15$; stimmt nicht, denn $3 \cdot 5 = 15$,
$3 \cdot 6 < 15$; stimmt nicht, denn $3 \cdot 6 > 15$,
$3 \cdot 7 < 15$; stimmt nicht, denn $3 \cdot 7 > 15$,
$3 \cdot 8 < 15$; stimmt nicht, denn $3 \cdot 8 > 15$.
⋮

Die Gleichung $6 + x = 9$

ist der mathematische Steckbrief für diejenigen Zahlen, die man zu 6 addieren muss, um 9 zu erhalten.
Als Grundmenge für unsere Fahndung wählen wir wiederum die Menge der natürlichen Zahlen {0, 1, 2, 3, 4, 5, 6, 7, …}. Das heißt aber: Wir müssen jede natürliche Zahl daraufhin überprüfen, ob der Steckbrief auf sie zutrifft.

$6 + 0 = 9$; falsch, denn $6 + 0 = 6$.

6 + 1 = 9; falsch, denn 6 + 1 = 7.
6 + 2 = 9; falsch, denn 6 + 2 = 8.

6 + 3 = 9; wahr!!!

6 + 4 = 9; falsch, denn 6 + 4 = 10.
6 + 5 = 9; falsch, denn 6 + 5 = 11.

Das Ergebnis unserer Überprüfung lautet also:

Der Steckbrief $6 + x = 9$ trifft nur auf die Zahl 3 zu. Mit anderen Worten: Nur wenn man die Zahl 3 an die Stelle des Platzhalters x setzt, erhält man eine wahre Aussage. Für jede andere Zahl der Grundmenge ergibt sich eine falsche Aussage. Die Lösungsmenge enthält also nur ein Element.

Man sagt:

Die Gleichung $6 + x = 9$ hat in der Grundmenge $\{0, 1, 2, 3, \ldots\}$ die Lösungsmenge $\mathbb{L} = \{3\}$.

Die Gleichung $6 \cdot x = 9$

ist der mathematische Steckbrief für diejenigen Zahlen, deren 6faches gleich 9 ist. Wählt man als Grundmenge die Menge der natürlichen Zahlen $\{0, 1, 2, 3, 4, \ldots\}$, dann stellt man fest, dass es in dieser Menge keine einzige Zahl gibt, auf die der Steckbrief zutrifft.
Die Zahlen 0 und 1 kommen nicht infrage, weil ihr 6faches kleiner als 9 ist: $6 \cdot 0 = 0$, $6 \cdot 1 = 6$.

Die Zahlen 2, 3, 4 usw. kommen nicht infrage, weil ihr 6faches größer als 9 ist: $6 \cdot 2 = 12$, $6 \cdot 3 = 18$, $6 \cdot 4 = 24$ usw.

Man sagt:

Die Lösungsmenge der Gleichung $6 \cdot x = 9$ in der Grundmenge $\{0, 1, 2, 3, 4, \ldots\}$ ist leer und schreibt dafür: $\mathbb{L} = \{\}$.

Anders ist das, wenn wir für dieselbe Gleichung als Grundmenge die Menge der rationalen Zahlen wählen. Diese mit dem Symbol $\mathbb{Q}$ bezeichnete Menge enthält außer den natürlichen Zahlen und den negativen ganzen Zahlen auch noch die positiven und negativen Bruchzahlen. Und in dieser neuen Grundmenge findet man auch eine Zahl, auf die der Steckbrief $6 \cdot x = 9$ zutrifft, nämlich die Zahl 1,5, denn $6 \cdot 1{,}5 = 9$.

Man sagt:

Die Gleichung $6 \cdot x = 9$ hat in der Grundmenge $\mathbb{Q}$ die Lösungsmenge $\mathbb{L} = \{1{,}5\}$.

Die Lösungsmenge einer Gleichung hängt also nicht nur von der Gleichung selbst, sondern auch von der betrachteten Grundmenge ab. Deshalb muss die Grundmenge stets angegeben werden.

Aus Gründen der Vereinfachung treffen wir für diesen Band der Duden-Schülerhilfen die folgende Vereinbarung:

Wenn nicht ausdrücklich etwas anderes angegeben wird, dann gilt als Grundmenge stets die Menge $\mathbb{Q}$ der rationalen Zahlen.

Kapitel 1

Äquivalenzumformungen bei Gleichungen

Die einfachste Gleichung hat die Form

$$x = 5.$$

Ihre Lösungsmenge kann man unmittelbar ablesen:

$$\mathbb{L} = \{5\}.$$

Alle übrigen Gleichungen, die wir in diesem Band der Duden-Schülerhilfen behandeln, lassen sich durch geeignetes Umformen in eine solche einfache Form bringen.
Geeignet ist eine Umformung immer nur dann, wenn sich dabei lediglich die Formulierung des Steckbriefes ändert, nicht aber die Zahl, auf die er sich bezieht.
Mathematisch ausgedrückt:
Bei jeder Umformung einer Gleichung muss man darauf achten, dass die gesuchte Zahl bzw. die gesuchten Zahlen dieselben bleiben, dass sich also die Lösungsmenge nicht ändert.
Derartige Umformungen bezeichnet man als **Äquivalenzumformungen.**

1. Gleichungen der Form $x + a = b$

Mit den beiden Steckbriefen wird ein und dieselbe Zahl gesucht, denn diejenige Zahl, die um 2 kleiner ist als 7, ist ja genau die Zahl, zu der man 2 addieren muss, um 7 zu erhalten. Die beiden Steckbriefe unterscheiden sich zwar in ihrer Formulierung, sie unterscheiden sich aber nicht in der Zahl, auf die sie sich beziehen. Die beiden Gleichungen

$$x + 2 = 7 \text{ und } x = 7 - 2$$

haben dieselbe Lösungsmenge:

$$\mathbb{L} = \{5\}.$$

Nun lässt sich aber aus der Gleichung $x = 7 - 2$ die Lösungsmenge etwas leichter ablesen als aus der Gleichung $x + 2 = 7$.
Wir bringen deshalb künftig Gleichungen der Form $x + 2 = 7$ auf die leichter lösbare Form $x = 7 - 2$.
Und dabei gehen wir folgendermaßen vor:
Wir nehmen die Gleichung

$$x + 2 = 7$$

und subtrahieren auf beiden Seiten des Gleichheitszeichens die Zahl 2.

Es ergibt sich die Gleichung

$$x + 2 - 2 = 7 - 2.$$

Addition und Subtraktion von 2 auf der linken Seite der Gleichung heben sich gegenseitig auf.
Damit ergibt sich aber die angestrebte, leichter lösbare Form

$$x = 7 - 2.$$

Und wenn wir nun noch die Subtraktion auf der rechten Seite der Gleichung ausführen, dann erhalten wir die Gleichung

$$x = 5,$$

aus der wir dann unmittelbar die Lösungsmenge ablesen können:

$$\mathbb{L} = \{5\}.$$

Das Ergebnis unserer Überlegungen lautet:

Die Lösungsmenge einer Gleichung ändert sich nicht, wenn man auf beiden Seiten des Gleichheitszeichens dieselbe Zahl subtrahiert.

Gesucht ist die Lösungsmenge der Gleichung $x + 23 = 57$.

1. Schritt
Wir subtrahieren auf beiden Seiten der Gleichung die Zahl 23: ⟶ $x + 23 - 23 = 57 - 23$.

2. Schritt:
Wir führen auf beiden Seiten die Subtraktion durch: ⟶ $x = 34$.

3. Schritt:
Wir schreiben die Lösungsmenge auf: ⟶ $\mathbb{L} = \{34\}$.

Und so sieht unser Lösungsweg in Kurzform aus:

Weitere Beispiele:

- $$\begin{aligned} x+738&=1583 \quad \| -738\\ x&=1583-738\\ x&=845\\ \mathbb{L}&=\{845\}. \end{aligned}$$

- $$\begin{aligned} 7{,}385+x&=12{,}04 \quad \| -7{,}385\\ x&=12{,}04-7{,}385\\ x&=4{,}655\\ \mathbb{L}&=\{4{,}655\}. \end{aligned}$$

- $$\begin{aligned} 47+x&=35 \quad \| -47\\ x&=35-47\\ x&=-12\\ \mathbb{L}&=\{-12\}. \end{aligned}$$

1 Bestimme ebenso die Lösungsmengen der folgenden Gleichungen:

a) $x + 23 = 86$; **b)** $145 + x = 277$; **c)** $4{,}8 + x = 5{,}7$;
d) $x + 13{,}7 = 25{,}4$; **e)** $x + 2388 = 5000$; **f)** $28 + x = 13$;
g) $x + 15{,}28 = 28{,}735$; **h)** $x + \frac{4}{5} = \frac{7}{8}$; **i)** $5239 + x = 6357$;
k) $\frac{3}{8} + x = \frac{11}{12}$; **l)** $377 + x = 428$; **m)** $x + 5797 = 6389$;
n) $x + 44{,}73 = 128$; **o)** $34 + x = 17$; **p)** $\frac{4}{5} + x = \frac{24}{25}$;
q) $x + 3\frac{3}{4} = 4\frac{1}{2}$; **r)** $7{,}38 + x = 5{,}29$;
s) $x + 33\,728 = 50\,000$; **t)** $50\,000 + x = 33\,728$;
u) $45{,}75 + x = 88{,}2$.

Jeder weiß es: Eine Balkenwaage bleibt im Gleichgewicht, wenn man den Inhalt der beiden Waagschalen vertauscht, wenn man also das, was ursprünglich rechts lag, nach links bringt, und das, was ursprünglich links lag, nach rechts bringt.

Entsprechendes gilt für Gleichungen.
Die Lösungsmenge der Gleichung

$$478 = x + 325$$

ändert sich nicht, wenn man die beiden Seiten vertauscht.

Man erhält dabei die Gleichung

$$x + 325 = 478.$$

Und diese Gleichung lässt sich nach dem bewährten Muster lösen:

$$\begin{aligned} x+325&=478 \quad \| -325 \\ x&=478-325 \\ x&=153 \\ \mathbb{L}&=\{153\}. \end{aligned}$$

Die Lösungsmenge der Gleichung 478 = x + 325 findet man natürlich genauso leicht, wenn man die Seitenvertauschung gar nicht erst vornimmt, sondern gleich so vorgeht:

$$\begin{aligned} 478&=x+325 \quad \| -325 \\ 478-325&=x \\ 153&=x \\ \mathbb{L}&=\{153\}. \end{aligned}$$

Weitere Beispiele:

- $$\begin{aligned} 1378&=577+x \quad \| -577 \\ 1378-577&=x \\ 801&=x \\ \mathbb{L}&=\{801\}. \end{aligned}$$
- $$\begin{aligned} 555&=x+666 \quad \| -666 \\ 555-666&=x \\ -111&=x \\ \mathbb{L}&=\{-111\}. \end{aligned}$$
- $$\begin{aligned} 7{,}75&=x+3\frac{1}{2} \quad \Big\| -3\frac{1}{2} \\ 7{,}75-3\frac{1}{2}&=x \\ 4{,}25&=x \\ \mathbb{L}&=\{4{,}25\}. \end{aligned}$$

2 Bestimme ebenso die Lösungsmengen der folgenden Gleichungen:

a) $1733 = x + 525$; **b)** $12\,488 = 9987 + x$; **c)** $44{,}38 = x + 22{,}74$;

d) $12\frac{3}{8} = x + 3\frac{1}{2}$; **e)** $725 = x + 975$; **f)** $7{,}305 = x + 10$;

g) $\frac{14}{15} = \frac{2}{3} + x$;   h) $1929 = 938 + x$;   i) $14\frac{3}{4} = x + 7{,}5$;
k) $42{,}39 = x + 12{,}57$.

2. Gleichungen der Form x – a = b

Mit diesen beiden Steckbriefen wird ein und dieselbe Zahl gesucht, denn diejenige Zahl, die um 5 größer ist als 7, ist ja genau die Zahl, von der man 5 subtrahieren muss, um 7 zu erhalten.

Die beiden Steckbriefe unterscheiden sich also nur in ihrer Formulierung, nicht aber in der Zahl, auf die sie sich beziehen.

Die beiden Gleichungen

$$x - 5 = 7 \quad \text{und} \quad x = 7 + 5$$

haben dieselbe Lösungsmenge:

$$\mathbb{L} = \{12\}.$$

Aus der Gleichung $x = 7 + 5$ lässt sich die Lösungsmenge leichter ablesen als aus der Gleichung $x - 5 = 7$.

Es ist also empfehlenswert, Gleichungen der Form $x - 5 = 7$ in die leichter lösbare Form $x = 7 + 5$ zu bringen.

Diese Umformung nehmen wir folgendermaßen vor:

Wir nehmen die Gleichung

$$x - 5 = 7$$

und addieren auf beiden Seiten die Zahl 5.

Wir erhalten die neue Gleichung

$$x - 5 + 5 = 7 + 5.$$

Die Subtraktion und die Addition von 5 auf der linken Seite der Gleichung heben sich gegenseitig auf.
Somit ergibt sich die angestrebte, leichter lösbare Gleichungsform

$$x = 7 + 5.$$

Und wenn wir nun noch die Addition auf der rechten Seite der Gleichung ausführen, erhalten wir die Gleichung

$$x = 12,$$

aus der wir die Lösungsmenge unmittelbar ablesen können:

$$\mathbb{L} = \{12\}.$$

Das Ergebnis unserer Überlegung lautet:

Die Lösungsmenge einer Gleichung ändert sich nicht, wenn man auf beiden Seiten vom Gleichheitszeichen dieselbe Zahl addiert.

Gesucht ist die Lösungsmenge der Gleichung $x - 48 = 27$.

1. Schritt:
Wir addieren auf beiden Seiten der Gleichung die Zahl 48: ⟶

$$x - 48 + 48 = 27 + 48.$$

2. Schritt:
Wir führen auf beiden Seiten die Addition aus: → $x = 75.$

3. Schritt:
Wir schreiben die Lösungsmenge auf: → $\mathbb{L} = \{75\}.$

Und so sieht der Lösungsweg in Kurzform aus:

$$\begin{aligned} x - 48 &= 27 \qquad \| +48 \\ x &= 27 + 48 \\ x &= 75 \\ \mathbb{L} &= \{75\}. \end{aligned}$$

Weitere Beispiele:

- $$\begin{aligned} x - 3784 &= 10\,000 \qquad \| +3784 \\ x &= 10\,000 + 3784 \\ x &= 13\,784 \\ \mathbb{L} &= \{13\,784\}. \end{aligned}$$

- $$\begin{aligned} x - 14{,}63 &= 48{,}05 \qquad \| +14{,}63 \\ x &= 48{,}05 + 14{,}63 \\ x &= 62{,}68 \\ \mathbb{L} &= \{62{,}68\}. \end{aligned}$$

- $$\begin{aligned} x - 5\frac{2}{3} &= 4\frac{5}{6} \qquad \| +5\frac{2}{3} \\ x &= 4\frac{5}{6} + 5\frac{2}{3} \\ x &= 10\frac{1}{2} \\ \mathbb{L} &= \left\{10\frac{1}{2}\right\}. \end{aligned}$$

3 Bestimme ebenso die Lösungsmengen der folgenden Gleichungen:

a) $x - 368 = 275$; **b)** $x - 4728 = 9875$; **c)** $x - 12{,}3 = 14{,}7$;
d) $x - 4\frac{3}{5} = 12\frac{11}{15}$; **e)** $x - 1{,}784 = 3{,}078$; **f)** $x - 45 = 33{,}783$;
g) $x - 45\,728 = 63\,847$; **h)** $x - 63\,847 = 45\,728$;
i) $x - \frac{12}{25} = \frac{4}{5}$; **k)** $x - 123{,}08 = 42{,}3$.

Im Gegensatz zu den bisherigen Beispielen und Aufgaben dieses Abschnitts befindet sich bei der Gleichung

$$485 = x - 733$$

der Platzhalter x rechts vom Gleichheitszeichen.
In einem solchen Fall kannst du folgendermaßen vorgehen:

Entweder
du vertauschst zuerst die Seiten der Gleichung

$$\begin{aligned} x - 733 &= 485 \quad \| +733 \\ x &= 485 + 733 \\ x &= 1218 \end{aligned}$$

Oder
du addierst sofort auf beiden Seiten der Gleichung die Zahl 733

$$\begin{aligned} 485 &= x - 733 \quad \| +733 \\ 485 + 733 &= x \\ 1218 &= x \end{aligned}$$

$$\mathbb{L} = \{1218\}.$$

4 Bestimme ebenso die Lösungsmengen der folgenden Gleichungen:

a) $328 = x - 517$; **b)** $72{,}08 = x - 13{,}5$;
c) $23\,715 = x - 14\,728$; **d)** $25\frac{3}{8} = x - 41\frac{1}{2}$;
e) $444{,}44 = x - 333{,}33$; **f)** $17{,}25 = x - 23\frac{3}{4}$;
g) $57{,}625 = x - 6{,}75326$; **h)** $44\,788 = x - 122\,221$;
i) $78{,}3 = x - 4{,}76$; **k)** $\frac{14}{15} = x - \frac{3}{25}$.

3. Gleichungen der Form a – x = b

Mit den beiden Steckbriefen wird ein und dieselbe Zahl gesucht, denn diejenige Zahl, die um 5 kleiner ist als 8, ist ja gerade die Zahl, die man von 8 subtrahieren muss, um 5 zu erhalten.
Die beiden Steckbriefe unterscheiden sich zwar in ihrer Form, sie beziehen sich jedoch auf dieselbe Zahl.

Die beiden Gleichungen

$$8 - x = 5 \quad \text{und} \quad x = 8 - 5$$

haben dieselbe Lösungsmenge

$$\mathbb{L} = \{3\}.$$

Aus der Gleichung $x = 8 - 5$ lässt sich die Lösungsmenge bedeutend leichter ablesen als aus der Gleichung $8 - x = 5$.
Es ist also zweckmäßig, Gleichungen der Form $8 - x = 5$ in die leichter lösbare Form $x = 8 - 5$ zu bringen.

Diese Umformung lässt sich folgendermaßen vornehmen:
Wir nehmen die Gleichung

$$8 - x = 5$$

und addieren auf beiden Seiten die uns noch unbekannte Zahl x:

$$8 - x + x = 5 + x.$$

Subtraktion und Addition von x auf der linken Seite der Gleichung heben sich gegenseitig auf. Wir erhalten somit:

$$8 = 5 + x.$$

Nun subtrahieren wir auf beiden Seiten die Zahl 5 und erhalten die Gleichung

$$8 - 5 = 5 + x - 5$$

bzw. $8 - 5 = x.$

Wenn wir jetzt noch die Seiten dieser Gleichung vertauschen, dann ergibt sich die angestrebte, leichter lösbare Gleichung

$$x = 8 - 5.$$

Wir führen nun die Subtraktion auf der rechten Seite dieser Gleichung aus und erhalten die Gleichung

$$x = 3,$$

aus der wir die Lösungsmenge unmittelbar ablesen können:

$$\mathbb{L} = \{3\}.$$

Das Ergebnis unserer Überlegung lautet:

Die Lösungsmenge einer Gleichung ändert sich nicht, wenn man auf beiden Seiten die noch unbekannte Zahl x addiert.

Gesucht ist die Lösungsmenge der Gleichung
$478 - x = 333.$

1. Schritt:
Wir addieren auf beiden Seiten der Gleichung die noch unbekannte Zahl x: →

$$478 - x + x = 333 + x$$
$$478 = 333 + x.$$

2. Schritt:
Wir subtrahieren auf beiden Seiten der Gleichung die Zahl 333: →

$$478 - 333 = 333 + x - 333.$$

3. Schritt:
Wir führen die Subtraktionen aus: →

$$145 = x.$$

4. Schritt:
Wir schreiben die Lösungsmenge auf: →

$$\mathbb{L} = \{145\}.$$

Und so sieht unser Lösungsweg in Kurzform aus:

Weitere Beispiele:

- $$\begin{aligned} 21{,}375 - x &= 15{,}123 && \| +x \\ 21{,}375 &= 15{,}123 + x && \| -15{,}123 \\ 21{,}375 - 15{,}123 &= x \\ 6{,}252 &= x \\ \mathbb{L} &= \{6{,}252\}. \end{aligned}$$

$$\begin{aligned} 268 - x &= 345 && \| + x \\ 268 &= 345 + x && \| -345 \\ 268 - 345 &= x \\ -77 &= x \\ \mathbb{L} &= \{-77\}. \end{aligned}$$

$$\begin{aligned} 7\tfrac{3}{5} - x &= 5\tfrac{1}{2} && \| + x \\ 7\tfrac{3}{5} &= 5\tfrac{1}{2} + x && \| -5\tfrac{1}{2} \\ 7\tfrac{3}{5} - 5\tfrac{1}{2} &= x \\ 2\tfrac{1}{10} &= x \\ \mathbb{L} &= \left\{2\tfrac{1}{10}\right\}. \end{aligned}$$

5 Bestimme ebenso die Lösungsmengen der folgenden Gleichungen:

a) $487 - x = 128$; **b)** $1783 - x = 888$; **c)** $76{,}2 - x = 6{,}83$;
d) $14\frac{3}{4} - x = 5\frac{1}{2}$; **e)** $842 - x = 1000$; **f)** $3{,}33 - x = 4{,}3$;
g) $33{,}3 - x = 4{,}3$; **h)** $9378 - x = 6666$; **i)** $\frac{7}{12} - x = \frac{3}{8}$;
k) $4{,}087 - x = 0{,}38$.

Im Gegensatz zu den bisherigen Beispielen und Aufgaben dieses Abschnitts befindet sich bei der Gleichung

$$786 = 923 - x$$

der Platzhalter x rechts vom Gleichheitszeichen.
In einem solchen Fall kannst du folgendermaßen vorgehen:

Entweder
du vertauschst zuerst die Seiten der Gleichung

$$\begin{aligned} 923 - x &= 786 && \| + x \\ 923 &= 786 + x && \| -786 \\ 923 - 786 &= x \\ 137 &= x \end{aligned}$$

Oder
du addierst sofort auf beiden Seiten der Gleichung die Unbekannte x

$$\begin{aligned} 786 &= 923 - x && \| + x \\ 786 + x &= 923 && \| -786 \\ x &= 923 - 786 \\ x &= 137 \end{aligned}$$

$$\mathbb{L} = \{137\}.$$

6 Bestimme ebenso die Lösungsmengen der folgenden Gleichungen:

a) $576 = 847 - x$; b) $8765 = 12\,318 - x$; c) $73{,}78 = 94{,}05 - x$;
d) $24\frac{5}{12} = 30 - x$; e) $472{,}3 = 500 - x$; f) $500 = 472{,}3 - x$;
g) $23\,744 = 25\,000 - x$; h) $\frac{7}{18} = \frac{5}{6} - x$; i) $1{,}207 = 2{,}107 - x$;
k) $7{,}75 = 10\frac{1}{4} - x$.

4. Gleichungen der Form x · a = b

Mit diesen beiden mathematischen Steckbriefen wird ein und dieselbe Zahl gesucht, denn der 3. Teil von 12 ist ja genau diejenige Zahl, die man mit 3 malnehmen muss, um 12 zu erhalten.
Die beiden Steckbriefe unterscheiden sich also nur in ihrer Form, nicht aber in der Zahl, auf die sie sich beziehen.

Die beiden Gleichungen

$$x \cdot 3 = 12 \quad \text{und} \quad x = 12 : 3$$

haben dieselbe Lösungsmenge:

$$\mathbb{L} = \{4\}.$$

Diese Lösungsmenge lässt sich mit Sicherheit leichter aus der Gleichung $x = 12 : 3$ ablesen als aus der Gleichung $x \cdot 3 = 12$.

Wir werden deshalb in Zukunft Gleichungen der Form $x \cdot 3 = 12$ in die leichter lösbare Form $x = 12 : 3$ bringen.
Und dabei gehen wir folgendermaßen vor:

Wir teilen beide Seiten der Gleichung

$$x \cdot 3 = 12$$

durch die Zahl 3 und erhalten:

$$x \cdot 3 : 3 = 12 : 3.$$

Auf der linken Seite der Gleichung heben sich Multiplikation mit 3 und anschließende Division durch 3 gegenseitig auf.
Damit ergibt sich die angestrebte, leichter lösbare Form

$$x = 12 : 3.$$

Und wenn wir nun noch die Division auf der rechten Seite der so erhaltenen Gleichung ausführen, dann erhalten wir die Gleichung

$$x = 4,$$

aus der wir die Lösungsmenge unmittelbar ablesen können:

$$\mathbb{L} = \{4\}.$$

Unter Berücksichtigung der Tatsache, dass die Division durch null strikt verboten ist, lautet das Ergebnis unserer Überlegung:

Die Lösungsmenge einer Gleichung ändert sich nicht, wenn man beide Seiten durch dieselbe, von null verschiedene Zahl dividiert.

1 Äquivalenzumformungen bei Gleichungen

Gesucht ist die Lösungsmenge der Gleichung $x \cdot 35 = 420$.

1. Schritt:
Wir dividieren beide Seiten der Gleichung durch die Zahl 35: → $x \cdot 35 : 35 = 420 : 35$.

2. Schritt:
Wir führen die Division auf beiden Seiten der Gleichung aus: → $x = 12$.

3. Schritt:
Wir schreiben die Lösungsmenge auf: → $\mathbb{L} = \{12\}$.

Und so sieht unser Verfahren in Kurzform aus:

Weitere Beispiele:

- $x \cdot 7{,}15 = 165{,}88 \quad \| : 7{,}15$
  $x = 165{,}88 : 7{,}15$
  $x = 23{,}2$
  $\mathbb{L} = \{23{,}2\}$.
- $45 \cdot x = 9 \quad \| : 45$
  $x = 9 : 45$
  $x = 0{,}2$
  $\mathbb{L} = \{0{,}2\}$.

$$\begin{aligned} 3{,}25 \cdot x &= 30{,}55 \qquad \|:3{,}25 \\ x &= 30{,}55 : 3{,}25 \\ x &= 9{,}4 \\ \mathbb{L} &= \{9{,}4\}. \end{aligned}$$

7 Bestimme ebenso die Lösungsmengen der folgenden Gleichungen:

a) $x \cdot 17 = 204$; **b)** $x \cdot 3{,}12 = 22{,}464$; **c)** $x \cdot 38 = 1710$;
d) $x \cdot 23{,}7 = 18{,}96$; **e)** $x \cdot 44 = 550$; **f)** $x \cdot 123 = 39\,483$;
g) $x \cdot \frac{3}{4} = \frac{1}{3}$; **h)** $x \cdot 17{,}25 = 276$; **i)** $x \cdot 8{,}75 = 36{,}75$;
k) $x \cdot 3334 = 833{,}5$; **l)** $28 \cdot x = 504$; **m)** $178 \cdot x = 1281{,}6$;
n) $45 \cdot x = 2025$; **o)** $1{,}2 \cdot x = 1{,}056$; **p)** $\frac{4}{5} \cdot x = \frac{3}{4}$;
q) $\frac{3}{4} \cdot x = \frac{4}{5}$; **r)** $215 \cdot x = 5375$; **s)** $5375 \cdot x = 215$;
t) $24{,}75 \cdot x = 84{,}15$; **u)** $0{,}23 \cdot x = 0{,}0414$.

Bei der Gleichung

$$299 = x \cdot 23$$

befindet sich der Platzhalter x rechts vom Gleichheitszeichen.
In einem solchen Fall kannst du folgendermaßen vorgehen:

Entweder
du vertauschst zuerst die Seiten der Gleichung

$$\begin{aligned} x \cdot 23 &= 299 \qquad \|:23 \\ x &= 299 : 23 \\ x &= 13 \end{aligned}$$

Oder
du dividierst sofort beide Seiten der Gleichung durch 23

$$\begin{aligned} 299 &= x \cdot 23 \qquad \|:23 \\ 299 : 23 &= x \\ 13 &= x \end{aligned}$$

$$\mathbb{L} = \{13\}.$$

8 Bestimme die Lösungsmengen der folgenden Gleichungen:

a) $570 = x \cdot 38$;
b) $1188 = 27 \cdot x$;
c) $209 = 4{,}75 \cdot x$;
d) $594 = x \cdot 13{,}5$;
e) $75{,}9 = x \cdot 17{,}25$;
f) $41\,625 = 333 \cdot x$;
g) $125{,}244 = x \cdot 12{,}78$;
h) $3{,}72 = x \cdot 0{,}24$;
i) $27 = 0{,}18 \cdot x$;
k) $53{,}28 = 444 \cdot x$.

5. Gleichungen der Form x : a = b

Mit diesen beiden mathematischen Steckbriefen wird ein und dieselbe Zahl gesucht, denn das 7fache von 12 ist ja eben gerade diejenige Zahl, deren 7. Teil 12 ist.

Die beiden Steckbriefe unterscheiden sich also nur in ihrer Form, nicht aber in der Zahl, auf die sie sich beziehen.
Die beiden Gleichungen

$$x : 7 = 12 \text{ und } x = 12 \cdot 7$$

haben dieselbe Lösungsmenge:

$$\mathbb{L} = \{84\}.$$

Diese Lösungsmenge lässt sich viel leichter aus der Gleichung $x = 12 \cdot 7$ ermitteln als aus der Gleichung $x : 7 = 12$.
Wir werden deshalb in Zukunft Gleichungen der Form $x : 7 = 12$ in die leichter lösbare Form $x = 12 \cdot 7$ bringen.

Und dabei gehen wir folgendermaßen vor:

Wir multiplizieren beide Seiten der Gleichung

$$x : 7 = 12$$

mit der Zahl 7 und erhalten dadurch die Gleichung

$$x : 7 \cdot 7 = 12 \cdot 7.$$

Auf der linken Seite dieser Gleichung heben sich die Division durch 7 und die Multiplikation mit 7 gegenseitig auf.
Dadurch erhalten wir die angestrebte, leichter lösbare Form

$$x = 12 \cdot 7.$$

Und wenn wir nun noch die Multiplikation auf der rechten Seite durchführen, dann erhalten wir die Gleichung

$$x = 84,$$

aus der wir die Lösungsmenge unmittelbar ablesen können:

$$\mathbb{L} = \{84\}.$$

Das Ergebnis unserer Überlegung lautet:

1 Äquivalenzumformungen bei Gleichungen

Gesucht ist die Lösungsmenge der Gleichung x : 15 = 28.

1. Schritt:
Wir multiplizieren beide Seiten der Gleichung mit 15: → $x : 15 \cdot 15 = 28 \cdot 15.$

2. Schritt:
Wir führen die Multiplikation aus: → $x = 420.$

3. Schritt:
Wir schreiben die Lösungsmenge auf: → $\mathbb{L} = \{420\}.$

Und so sieht unser Verfahren in Kurzform aus:

$$\begin{aligned} x:15 &= 28 \quad \| \cdot 15 \\ x &= 28 \cdot 15 \\ x &= 420 \\ \mathbb{L} &= \{420\}. \end{aligned}$$

Weitere Beispiele:

- $$\begin{aligned} x:4{,}6 &= 12{,}5 \quad \| \cdot 4{,}6 \\ x &= 12{,}5 \cdot 4{,}6 \\ x &= 57{,}5 \\ \mathbb{L} &= \{57{,}5\}. \end{aligned}$$

- $$\begin{aligned} x:135 &= 41{,}2 \quad \| \cdot 135 \\ x &= 41{,}2 \cdot 135 \\ x &= 5562 \\ \mathbb{L} &= \{5562\}. \end{aligned}$$

- $$\begin{aligned} x:3\tfrac{1}{3} &= 4\tfrac{1}{5} \quad \| \cdot 3\tfrac{1}{3} \\ x &= 4\tfrac{1}{5} \cdot 3\tfrac{1}{3} \\ x &= \frac{21 \cdot 10}{5 \cdot 3} \\ x &= 14 \\ \mathbb{L} &= \{14\}. \end{aligned}$$

9 Bestimme ebenso die Lösungsmengen der folgenden Gleichungen:

a) $x : 17 = 28$; **b)** $x : 45 = 52$; **c)** $x : 428 = 1{,}2$;

d) $x : 3{,}2 = 5{,}8$; **e)** $x : \frac{4}{5} = \frac{11}{12}$; **f)** $x : 125 = 125$;

g) $x : 12{,}5 = 125$; **h)** $x : 125 = 12{,}5$; **i)** $x : 4\frac{1}{2} = 5\frac{3}{4}$;

k) $x : 0{,}8 = 4{,}35$.

Bei der Gleichung

$$49 = x : 28$$

befindet sich der Platzhalter x rechts vom Gleichheitszeichen.
In einem solchen Fall kannst du folgendermaßen vorgehen:

Entweder
du vertauschst zuerst die Seiten der Gleichung

$$\begin{aligned} x : 28 &= 49 \quad \| \cdot 28 \\ x &= 49 \cdot 28 \\ x &= 1372 \end{aligned}$$

Oder
du multiplizierst sofort beide Seiten der Gleichung mit 28

$$\begin{aligned} 49 &= x : 28 \quad \| \cdot 28 \\ 49 \cdot 28 &= x \\ 1372 &= x \end{aligned}$$

$$\mathbb{L} = \{1372\}.$$

10 Bestimme ebenso die Lösungsmengen der folgenden Gleichungen:

a) $325 = x : 12$; **b)** $78 = x : 428$;
c) $175 = x : 3{,}2$; **d)** $4{,}8 = x : 0{,}2$;
e) $\frac{7}{8} = x : \frac{16}{21}$; **f)** $4{,}738 = x : 1{,}5$;
g) $4728 = x : 0{,}04$; **h)** $0{,}375 = x : 28$;
i) $1{,}027 = x : 25$; **k)** $12 = x : 888$.

6. Gleichungen der Form a : x = b

Mit diesen beiden mathematischen Steckbriefen wird ein und dieselbe Zahl gesucht, denn der 3. Teil von 15 ist ja gerade diejenige Zahl, durch die man 15 teilen muss, um 3 zu erhalten.

Die beiden Steckbriefe unterscheiden sich zwar in ihrer Form, sie unterscheiden sich jedoch nicht in der Zahl, auf die sie sich beziehen.

Die beiden Gleichungen

$$15 : x = 3 \quad \text{und} \quad x = 15 : 3$$

haben dieselbe Lösungsmenge:

$$\mathbb{L} = \{5\}.$$

Aus der Gleichung $x = 15 : 3$ lässt sich die Lösungsmenge sehr viel leichter ablesen als aus der Gleichung $15 : x = 3$.
Es ist deshalb zweckmäßig, Gleichungen der Form $15 : x = 3$ in die leichter lösbare Form $x = 15 : 3$ zu bringen.

Diese Umformung lässt sich folgendermaßen vornehmen: Wir nehmen die Gleichung

$$15 : x = 3$$

und multiplizieren beide Seiten mit der uns noch unbekannten Zahl x:

$$15 : x \cdot x = 3 \cdot x.$$

Division und Multiplikation mit x auf der linken Seite der Gleichung heben sich gegenseitig auf. Wir erhalten somit:

$$15 = 3 \cdot x.$$

Nun dividieren wir beide Seiten der so erhaltenen Gleichung durch 3:

$$15 : 3 = (3 \cdot x) : 3.$$

Auf der rechten Seite dieser Gleichung soll das 3fache der gesuchten Zahl x durch 3 geteilt werden. Das Ergebnis dieser Divisionsaufgabe ist die gesuchte Zahl x selbst.
Wir können also schreiben:

$$15 : 3 = x.$$

Wenn wir jetzt noch die Seiten dieser Gleichung vertauschen, dann erhalten wir genau die angestrebte, leichter lösbare Gleichung

$$x = 15 : 3.$$

Wir führen nun noch die Division auf der rechten Seite aus und erhalten die Gleichung

$$x = 5,$$

aus der wir die Lösungsmenge unmittelbar ablesen können:

$$\mathbb{L} = \{5\}.$$

Das Ergebnis unserer Überlegungen lautet:

Die Lösungsmenge einer Gleichung ändert sich nicht, wenn man beide Seiten der Gleichung mit der noch unbekannten Zahl x multipliziert.

1 Äquivalenzumformungen bei Gleichungen

Gesucht ist die Lösungsmenge der Gleichung
$722 : x = 38$ ($x \neq 0$!).

1. Schritt:
Wir multiplizieren beide Seiten der Gleichung mit der noch unbekannten Zahl x: →

$$722 : x \cdot x = 38 \cdot x$$
$$722 = 38 \cdot x.$$

2. Schritt:
Wir dividieren beide Seiten der Gleichung durch 38: →

$$722 : 38 = (38 \cdot x) : 38.$$

3. Schritt:
Wir führen die Division aus: →

$$19 = x.$$

4. Schritt:
Wir schreiben die Lösungsmenge auf: →

$$\mathbb{L} = \{19\}.$$

Und so sieht unser Verfahren in Kurzform aus:

$$\begin{aligned} 722 : x &= 38 && \| \cdot x \\ 722 &= 38 \cdot x && \| : 38 \\ 722 : 38 &= x \\ 19 &= x \\ \mathbb{L} &= \{19\}. \end{aligned}$$

Weitere Beispiele (in beiden Fällen soll gelten: $x \neq 0$):

- $$\begin{aligned} 1289{,}6 : x &= 83{,}2 && \| \cdot x \\ 1289{,}6 &= 83{,}2 \cdot x && \| : 83{,}2 \\ 1289{,}6 : 83{,}2 &= x \\ 15{,}5 &= x \\ \mathbb{L} &= \{15{,}5\}. \end{aligned}$$

$$\begin{aligned} 91 : x &= 22{,}75 && \| \cdot x \\ 91 &= 22{,}75 \cdot x && \| : 22{,}75 \\ 91 : 22{,}75 &= x \\ 4 &= x \\ \mathbb{L} &= \{4\}. \end{aligned}$$

11 Bestimme ebenso die Lösungsmengen der folgenden Gleichungen ($x \neq 0$!):

a) $1175 : x = 235$;
b) $2385 : x = 45$;
c) $84{,}6 : x = 4{,}7$;
d) $301 : x = 86$;
e) $\frac{1}{2} : x = \frac{5}{8}$;
f) $294 : x = 12{,}25$;
g) $1{,}5 : x = 0{,}125$;
h) $1{,}176 : x = 98$;
i) $64 : x = 256$;
k) $256 : x = 64$.

Im Gegensatz zu den bisherigen Beispielen und Aufgaben dieses Abschnitts befindet sich bei der Gleichung

$$27 = 1512 : x$$

der Platzhalter x rechts vom Gleichheitszeichen.
In einem solchen Fall kannst du folgendermaßen vorgehen:

Entweder
du vertauschst zuerst die Seiten der Gleichung

$$\begin{aligned} 1512 : x &= 27 && \| \cdot x \\ 1512 &= 27 \cdot x && \| : 27 \\ 1512 : 27 &= x \\ 56 &= x \end{aligned}$$

Oder
du multiplizierst sofort beide Seiten der Gleichung mit x

$$\begin{aligned} 27 &= 1512 : x && \| \cdot x \\ 27 \cdot x &= 1512 && \| : 27 \\ x &= 1512 : 27 \\ x &= 56 \end{aligned}$$

$$\mathbb{L} = \{56\}.$$

Test zum 1. Kapitel

Mit dem folgenden Test kannst du überprüfen, ob du den in diesem Kapitel behandelten Stoff verstanden hast und das Lösen einfacher Gleichungen beherrschst. Mehr als 1 Fehler pro Aufgabe sollte dir dabei nicht unterlaufen. Anderenfalls musst du das Kapitel noch einmal durcharbeiten.

1 **a)** $2752 + x = 3817$; **b)** $x + 577 = 1823$;
c) $7824 = x + 4785$; **d)** $6772 = 3388 + x$.

2 **a)** $578 - x = 328$; **b)** $7296 = 14\,218 - x$;
c) $x - 317 = 428$; **d)** $4719 = x - 2222$.

3 **a)** $x \cdot 17 = 459$; **b)** $423 \cdot x = 6768$;
c) $13\,896 = 579 \cdot x$; **d)** $43\,004 = x \cdot 827$.

4 **a)** $x : 28 = 32$; **b)** $43 = x : 125$;
c) $585 : x = 45$; $(x \neq 0)$; **d)** $145 = 1305 : x$; $(x \neq 0)$.

Kapitel 2

Äquivalenzumformungen bei Ungleichungen

Die einfachste Ungleichung hat die Form

$x < 7$ lies: „x ist kleiner als 7“	$x > 7$ lies: „x ist größer als 7“

Ihre Lösungsmenge in der Grundmenge $\mathbb{Q}$ der rationalen Zahlen lässt sich unmittelbar ablesen. Sie enthält alle rationalen Zahlen,

die kleiner als 7 sind.	die größer als 7 sind.

Die Lösungsmenge enthält also unendlich viele Zahlen. Wir können sie nicht einzeln aufzählen. Deshalb schreiben wir dafür:

$\mathbb{L} = \{x \mid x < 7\}$ lies: „$\mathbb{L}$ ist die Menge aller x, für die gilt: x ist kleiner als 7“	$\mathbb{L} = \{x \mid x > 7\}$ lies: „$\mathbb{L}$ ist die Menge aller x, für die gilt: x ist größer als 7“

Auf der Zahlengeraden liegen die zur Lösungsmenge gehörenden Zahlen

links von 7.	rechts von 7.

Entsprechend enthält die Lösungsmenge der Ungleichung

$x \leqq 7$ lies: „x kleiner oder gleich 7“	$x \geqq 7$ lies: „x größer oder gleich 7“

alle rationalen Zahlen,

die kleiner oder gleich 7 sind.	die größer oder gleich 7 sind.

2 Äquivalenzumformungen bei Ungleichungen

Man schreibt dafür:	
$\mathbb{L} = \{x \mid x \leqq 7\}$.	$\mathbb{L} = \{x \mid x \geqq 7\}$.

Die Darstellung der Lösungsmenge auf der Zahlengeraden sieht folgendermaßen aus:

Allgemein gilt für die Lösungsmengen von Ungleichungen, die sich in einer derart einfachen Form befinden:

Die Ungleichung	Die Lösungsmenge
$x < a$	$\mathbb{L} = \{x \mid x < a\}$
$x > a$	$\mathbb{L} = \{x \mid x > a\}$
$x \leqq a$	$\mathbb{L} = \{x \mid x \leqq a\}$
$x \geqq a$	$\mathbb{L} = \{x \mid x \geqq a\}$

Die meisten Ungleichungen befinden sich jedoch nicht in einer dieser einfachen Formen. Um ihre Lösungsmenge bestimmen zu können, müssen wir sie durch geeignetes Umformen in eine derartige Form bringen. Geeignet ist eine Umformung nur dann, wenn sich dabei zwar die Form der Ungleichung, nicht aber ihre Lösungsmenge ändert.

Solche Umformungen bezeichnet man, wie schon bei Gleichungen, auch bei Ungleichungen als **Äquivalenzumformungen.**

Genauso wie bei Gleichungen gilt auch bei Ungleichungen die Regel:

Die Lösungsmenge einer Ungleichung ändert sich nicht, wenn man auf beiden Seiten dieselbe Zahl addiert oder wenn man von beiden Seiten dieselbe Zahl subtrahiert.

Addition oder Subtraktion derselben Zahl auf beiden Seiten einer Ungleichung ist eine Äquivalenzumformung

- $$\begin{aligned} x-7&<5 \quad \| +7 \\ x-7+7&<5+7 \\ x&<12 \\ \mathbb{L}&=\{x \mid x<12\}. \end{aligned}$$

- $$\begin{aligned} 3+x&>8 \quad \| -3 \\ 3+x-3&>8-3 \\ x&>5 \\ \mathbb{L}&=\{x \mid x>5\}. \end{aligned}$$

- $$\begin{aligned} x-4&\geqq 2 \quad \| +4 \\ x-4+4&\geqq 2+4 \\ x&\geqq 6 \\ \mathbb{L}&=\{x \mid x\geqq 6\}. \end{aligned}$$

- $$\begin{aligned} x+13&\leqq 10 \quad \| -13 \\ x+13-13&\leqq 10-13 \\ x&\leqq -3 \\ \mathbb{L}&=\{x \mid x\leqq -3\}. \end{aligned}$$

Übrigens kann man, ebenso wie bei Gleichungen, auch bei Ungleichungen die Seiten vertauschen. Damit sich dabei aber die Lösungsmenge nicht ändert, muss man das dazwischenstehende Zeichen umdrehen.

Die Ungleichung

$$7 + x > 5$$

hat dieselbe Lösungsmenge wie die Ungleichung

$$5 < 7 + x,$$

und die Ungleichung

$$x - 45 \leqq 8$$

hat dieselbe Lösungsmenge wie die Ungleichung

$$8 \geqq x - 45.$$

Wenn dich also bei der Ungleichung

$$21 \leqq x + 15$$

die Tatsache stört, dass die Unbekannte x nicht, wie bisher gewohnt, auf der linken Seite steht, dann kannst du folgendermaßen vorgehen:

$$\begin{aligned} 21 &\leqq x + 15 \quad && \|\text{Seiten vertauschen} \\ x + 15 &\geqq 21 && \|-15 \\ x &\geqq 6 \\ \mathbb{L} &= \{x \mid x \geqq 6\}. \end{aligned}$$

1 Bestimme ebenso die Lösungsmengen der folgenden Ungleichungen:

a) $x - 5 < 12$; **b)** $12 + x > 15$; **c)** $x + 23 \leqq 8$; **d)** $13 < x - 24$;
e) $100 > 44 + x$; **f)** $x + 29 \geqq 51$; **g)** $x - 85 > 15$; **h)** $38 + x < 24$;
i) $25 \leqq x + 125$; **k)** $48 \geqq x - 72$.

Auch die vorläufig noch unbekannte Zahl x kann man auf beiden Seiten einer Ungleichung addieren, ohne dass sich dabei die Lösungsmenge ändert.

$$\begin{aligned} 35 - x &> 28 \quad && \| +x \\ 35 - x + x &> 28 + x \\ 35 &> 28 + x && \| -28 \\ 35 - 28 &> 28 + x - 28 \\ 7 &> x \\ \mathbb{L} &= \{x \mid x < 7\}. \end{aligned}$$

$$\begin{aligned} 12 &\leqq 14 - x \\ 14 - x &\geqq 12 \quad \| + x \\ 14 &\geqq 12 + x \quad \| - 12 \\ 2 &\geqq x \\ \mathbb{L} &= \{x \mid x \leqq 2\}. \end{aligned}$$

$$\begin{aligned} 7{,}5 - x &\leqq 14{,}3 \quad \| + x \\ 7{,}5 - x + x &\leqq 14{,}3 + x \\ 7{,}5 &\leqq 14{,}3 + x \quad \| - 14{,}3 \\ -6{,}8 &\leqq x \\ \mathbb{L} &= \{x \mid x \geqq -6{,}8\}. \end{aligned}$$

… und stets daran denken:
Man darf die Seiten einer Ungleichung nur dann vertauschen, wenn man auch das dazwischenstehende Zeichen umdreht.

2 Bestimme ebenso die Lösungsmengen der folgenden Ungleichungen:

a) $18 - x < 7$;
b) $45 - x \geqq 12$;
c) $12{,}4 - x > 7{,}8$;
d) $13 \geqq 25 - x$;
e) $5{,}9 < 12{,}4 - x$;
f) $4{,}9 - x \leqq 5$;
g) $17 < 25 - x$;
h) $98 - x < 142$;
i) $19{,}25 > 21{,}75 - x$;
k) $0{,}2 - x < 5{,}8$.

Im vorhergehenden Kapitel haben wir den folgenden Satz kennen gelernt:

> Die Lösungsmenge einer **Gleichung** ändert sich nicht, wenn man beide Seiten durch dieselbe von Null verschiedene Zahl teilt oder mit derselben von Null verschiedenen Zahl multipliziert.

Für **Ungleichungen** gilt dieser Satz nicht! Wenn man beispielsweise beide Seiten der Ungleichung

$$4 < 8$$

mit der negativen Zahl –1 multipliziert, dann erhält man die Ungleichung

$$4 \cdot (-1) < 8 \cdot (-1)$$
$$\text{bzw.} \quad -4 < -8.$$

Und diese Ungleichung stellt eine falsche Aussage dar, denn –4 ist bekanntlich nicht etwa kleiner sondern vielmehr größer als –8. Ein Blick auf die Zahlengerade zeigt das.

Entsprechendes gilt, wenn man beide Seiten der Ungleichung

$$4 < 8$$

durch die negative Zahl –1 dividiert.

Es ergibt sich dann ebenfalls die falsche Aussage

$$4 : (-1) < 8 : (-1)$$
$$\text{bzw.} \quad -4 < -8.$$

! *Wenn man mit einer negativen Zahl multipliziert oder dividiert, muss man das Ungleichheitszeichen umkehren!*

Wenn wir uns dagegen auf **positive** Zahlen beschränken, dann können wir diesen Satz auch auf Ungleichungen übertragen.

Er lautet dann:

*Die Lösungsmenge einer Ungleichung ändert sich nicht, wenn man beide Seiten durch dieselbe **positive** Zahl teilt oder mit derselben **positiven** Zahl multipliziert.*

- $$\begin{aligned} x:3 &> 5 \quad \| \cdot 3 \\ x:3\cdot 3 &> 5\cdot 3 \\ x &> 15 \\ \mathbb{L} &= \{x \mid x > 15\}. \end{aligned}$$

- $$\begin{aligned} x\cdot 7 &\leqq 38 \quad \| :7 \\ x\cdot 7:7 &\leqq 38:7 \\ x &\leqq \frac{38}{7} \\ \mathbb{L} &= \left\{x \mid x \leqq 5\frac{3}{7}\right\}. \end{aligned}$$

- $$\begin{aligned} 5{,}2\cdot x &> 44{,}2 \quad \| :5{,}2 \\ 5{,}2\cdot x:5{,}2 &> 44{,}2:5{,}2 \\ x &> 8{,}5 \\ \mathbb{L} &= \{x \mid x > 8{,}5\}. \end{aligned}$$

- $$\begin{aligned} 18 &\geqq 3\cdot x \quad \| :3 \\ 18:3 &\geqq 3\cdot x:3 \\ 6 &\geqq x \\ \mathbb{L} &= \{x \mid x \leqq 6\}. \end{aligned}$$

- $$\begin{aligned} 28 &< x:8 \quad \| \cdot 8 \\ 28\cdot 8 &< x:8\cdot 8 \\ 224 &< x \\ \mathbb{L} &= \{x \mid x > 224\}. \end{aligned}$$

3 Bestimme ebenso die Lösungsmengen der folgenden Ungleichungen:

a) $x : 5 > 3$;
b) $x \cdot 12 \leqq 30$;
c) $8 \cdot x > 124$;
d) $5 > x : 15$;
e) $25 \leqq x \cdot 4$;
f) $7{,}2 \cdot x < 3{,}6$;
g) $x : 4{,}8 < 3{,}5$;
h) $x \cdot 24 \leqq 72$;
i) $36 \cdot x > 144$;
k) $17 < x : 4$.

2 Äquivalenzumformungen bei Ungleichungen

Zusammenfassung

Folgende Umformungen kann man bei Ungleichungen vornehmen, ohne dass sich dabei die Lösungsmenge ändert. Es handelt sich dabei also um Äquivalenzumformungen.

	Beispiel	**allgemein**
1. Auf beiden Seiten dieselbe Zahl addieren	$x - 5 < 3 \quad \| +5$ $x-5+5<3+5$ $x < 8$	$x - a < b \quad \| +a$ $x-a+a<b+a$ $x < b+a$
2. Auf beiden Seiten die unbekannte Zahl x addieren	$7 - x > 3 \quad \| +x$ $7-x+x>3+x$ $7 > 3+x$	$a - x > b \quad \| +x$ $a-x+x>b+x$ $a > b+x$
3. Auf beiden Seiten dieselbe Zahl subtrahieren	$x + 8 < 12 \quad \| -8$ $x+8-8<12-8$ $x < 4$	$x + a < b \quad \| -a$ $x+a-a<b-a$ $x < b-a$
*4. Beide Seiten mit derselben **positiven** Zahl multiplizieren*	$x : 3 > 5 \quad \| \cdot 3$ $x:3\cdot 3>5\cdot 3$ $x > 15$	$x : a > b \quad \| \cdot a$ $x:a\cdot a>b\cdot a$ $x > b\cdot a \; (a>0)$
*5. Beide Seiten durch dieselbe **positive** Zahl dividieren*	$4 \cdot x < 12 \quad \| :4$ $4\cdot x:4<12:4$ $x < 3$	$a \cdot x < b \quad \| :a$ $a\cdot x:a<b:a$ $x < b:a \; (a>0)$

*Anmerkung: Natürlich darf die unbekannte Zahl x auch von den beiden Seiten einer Ungleichung **subtrahiert** werden. Bei den bisher aufgetretenen Ungleichungen bestand dafür allerdings noch kein Anlass. Und da man im Allgemeinen nie im Voraus weiß, ob die unbekannte Zahl x positiv oder negativ ist, wollen wir auch darauf verzichten, beide Seiten einer Ungleichung durch x zu teilen oder mit x zu multiplizieren!*

4 Bestimme ebenso die Lösungsmengen der folgenden Ungleichungen:

a) $x : 15 > 7$;
b) $9 \cdot x < 75$;
c) $17 + x \leqq 25$;
d) $x - 23 > 18$;
e) $84 - x \leqq 29$;
f) $45 < x + 48$;
g) $125 \leqq 144 - x$;
h) $72 - x > 75$;
i) $204 < x \cdot 17$;
k) $x : 22 > 8$;
l) $25 \cdot x < 60$;
m) $x - 44 < 14$;
n) $85 - x \geqq 23$;
o) $85 - x < 23$;
p) $x : 27 < 3$;
q) $28 + x < 15$.

Test zum 2. Kapitel

Mit dem folgenden Test kannst du überprüfen, ob du die Äquivalenzumformungen bei Ungleichungen verstanden hast und in der Lage bist, einfache Ungleichungen zu lösen. Mehr als 2 Fehler pro Aufgabe sollten dir dabei nicht unterlaufen. Anderenfalls musst du dir dieses Kapitel noch einmal vornehmen.

1 a) $423 + x < 517$;
b) $x + 117 \geqq 225$;
c) $48 > x + 22$;
d) $117 < x + 222$.

2 a) $87 - x < 55$;
b) $x - 33 \geqq 144$;
c) $433 > x - 287$;
d) $91 < 128 - x$.

3 a) $x \cdot 32 < 128$;
b) $15 \cdot x > 80$;
c) $64 \leqq x \cdot 16$;
d) $256 > 48 \cdot x$.

4 a) $x : 28 > 7$;
b) $x : 15 \leqq 23$;
c) $32 > x : 13$;
d) $125 < x : 7$.

Kapitel 3

Einige einfache Gleichungs- und Ungleichungsformen

1. Gemeinsames Auftreten von je einer Punkt- und Strichrechnungsart

Bei den bisher von uns behandelten Gleichungen tauchte jeweils nur ein einziges der Rechenzeichen „+“, „−“ „·“ oder „:“ auf.

Es hieß beispielsweise $5 + x = 12$
oder $x - 13 = 4$
oder $34 - x = 12$
oder $x \cdot 27 = 147$
oder $x : 54 = 12$
oder $135 : x = 50$.

Das folgende Zahlenrätsel führt auf eine Gleichung, bei der sowohl das Rechenzeichen „·“, als auch das Rechenzeichen „+“ auftritt.

Um diese Frage zu beantworten, müssen wir die Lösungsmenge der Gleichung

$$x \cdot 5 + 3 = 33$$

bestimmen. Wir bringen dazu diese Gleichung schrittweise in die Form

„x = …"

Im **1. Schritt** beseitigen wir die auf der linken Seite stehende 3, indem wir von beiden Seiten der Gleichung 3 subtrahieren:

$$\begin{aligned} x \cdot 5 + 3 &= 33 \quad \| -3 \\ x \cdot 5 + 3 - 3 &= 33 - 3 \\ x \cdot 5 &= 30. \end{aligned}$$

Im **2. Schritt** beseitigen wir die nun noch störende 5, indem wir beide Seiten der Gleichung durch 5 teilen:

$$\begin{aligned} x \cdot 5 &= 30 \quad \| :5 \\ x \cdot 5 : 5 &= 30 : 5 \\ x &= 6. \end{aligned}$$

Und damit haben wir die gesuchte Lösungsmenge:

$$\mathbb{L} = \{6\}.$$

Natürlich können wir auch zuerst die beim x stehende und dort störende 5 beseitigen, indem wir beide Seiten der Gleichung durch 5 teilen:

$$x \cdot 5 + 3 = 33 \quad \| :5.$$

Das ist aber ein gefährliches Unterfangen. Gar zu gerne dividiert man nur das Produkt $x \cdot 5$ durch 5 und vergisst darüber, dass auch die dahinter stehende 3 durch 5 geteilt werden muss. Dieser Gefahr gehen wir aus dem Wege, wenn wir die ganze linke Seite zunächst in Klammern setzen. Das sieht dann so aus:

$$(x \cdot 5 + 3) : 5 = 33 : 5.$$

Und nun dividieren wir die Klammer gliedweise durch 5 und erhalten:

$$x \cdot 5 : 5 + 3 : 5 = 33 : 5$$

$$\begin{aligned} \text{Mit } \quad x \cdot 5 : 5 &= x, \\ 3 : 5 &= \frac{3}{5} \\ \text{und } \quad 33 : 5 &= \frac{33}{5} \end{aligned}$$

ergibt sich:

$$x + \frac{3}{5} = \frac{33}{5}.$$

Nun stört auf der linken Seite der Gleichung nur noch der Bruch $\frac{3}{5}$. Wir beseitigen ihn dort, indem wir von beiden Seiten der Gleichung $\frac{3}{5}$ subtrahieren:

$$\begin{aligned} x + \frac{3}{5} &= \frac{33}{5} \qquad \left\| -\frac{3}{5} \right. \\ x + \frac{3}{5} - \frac{3}{5} &= \frac{33}{5} - \frac{3}{5} \\ x &= \frac{30}{5} \\ x &= 6 \\ \mathbb{L} &= \{6\}. \end{aligned}$$

Um besser beurteilen zu können, welcher Weg der günstigere ist, stellen wir beide Verfahren noch einmal in Kurzform nebeneinander:

3 Einige einfache Gleichungs- und Ungleichungsformen

1. Weg:	2. Weg:
$x \cdot 5 + 3 = 33 \quad \| -3$ $x \cdot 5 = 33 \quad \| :5$ $x = 6$ $\mathbb{L} = \{6\}.$	$x \cdot 5 + 3 = 33 \quad \| :5$ $x + 3 : 5 = 33 : 5$ $x + \frac{3}{5} = \frac{33}{5} \quad \| -\frac{3}{5}$ $x = \frac{30}{5}$ $x = 6$ $\mathbb{L} = \{6\}.$

Es gibt wohl kaum einen Zweifel daran, dass der 1. Weg einfacher ist. Wir gehen also beim Umformen und Lösen von Gleichungen zweckmäßigerweise nach dem folgenden Rezept vor:

„Erst Strichrechnung, dann Punktrechnung“

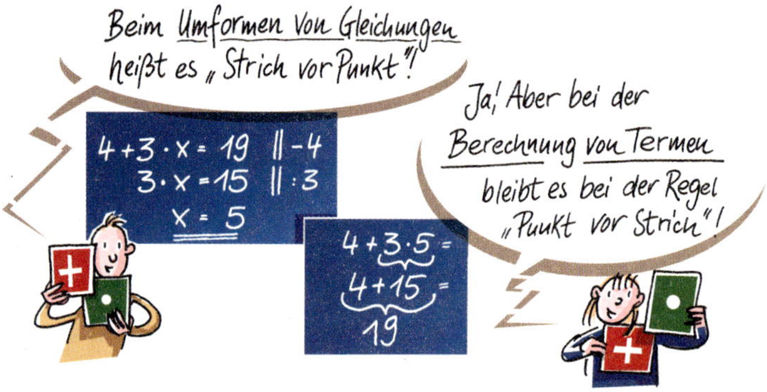

Weitere Beispiele:

- $$\begin{aligned} 12 \cdot x - 25 &= 71 && \| +25 \\ 12 \cdot x &= 71 + 25 \\ 12 \cdot x &= 96 && \| :12 \\ x &= 96 : 12 \\ x &= 8 \\ \mathbb{L} &= \{8\}. \end{aligned}$$

- $$\begin{aligned} 1{,}5 + 3{,}8 \cdot x &= 30 && \| -1{,}5 \\ 3{,}8 \cdot x &= 30 - 1{,}5 \\ 3{,}8 \cdot x &= 28{,}5 && \| :3{,}8 \\ x &= 28{,}5 : 3{,}8 \\ x &= 7{,}5 \\ \mathbb{L} &= \{7{,}5\}. \end{aligned}$$

- $$\begin{aligned} x : 16 + 44 &= 460 && \| -44 \\ x : 16 &= 416 && \| \cdot 16 \\ x &= 416 \cdot 16 \\ x &= 6656 \\ \mathbb{L} &= \{6656\}. \end{aligned}$$

- $$\begin{aligned} 22{,}5 + x : 1{,}2 &= 27 && \| -22{,}5 \\ x : 1{,}2 &= 4{,}5 && \| \cdot 1{,}2 \\ x &= 4{,}5 \cdot 1{,}2 \\ x &= 5{,}4 \\ \mathbb{L} &= \{5{,}4\}. \end{aligned}$$

- $(x \neq 0!)$:
$$\begin{aligned} 448 : x - 13 &= 15 && \| +13 \\ 448 : x &= 28 && \| \cdot x \\ 448 &= 28 \cdot x && \| :28 \\ 448 : 28 &= x \\ 16 &= x \\ \mathbb{L} &= \{16\}. \end{aligned}$$

- $(x \neq 0)$:
$$\begin{aligned} 122 + 420 : x &= 150 && \| -122 \\ 420 : x &= 28 && \| \cdot x \\ 420 &= 28 \cdot x && \| :28 \\ 15 &= x \\ \mathbb{L} &= \{15\}. \end{aligned}$$

1 Bestimme ebenso die Lösungsmengen der folgenden Gleichungen:

a) $8 \cdot x - 26 = 30$;
b) $47 + x \cdot 3 = 83$;
c) $x : 8 + 24 = 42$;
d) $96 + x : 15 = 105$;
e) $432 : x - 25 = 2$; $(x \neq 0)$;
f) $78 - 425 : x = 61$; $(x \neq 0)$;
g) $4{,}8 + 7{,}2 \cdot x = 30$;
h) $x \cdot 29 - 122 = 371$;
i) $378 = x : 24 + 320$;
k) $x : 14{,}4 - 22{,}3 = 0{,}2$;
l) $222 + 2652 : x = 443$; $(x \neq 0)$;
m) $567 : x + 123 = 150$; $(x \neq 0)$;
n) $3{,}5 \cdot x + 12{,}8 = 21{,}2$;
o) $4{,}7 + x \cdot 0{,}8 = 9{,}4$;
p) $x : 3{,}8 - 1{,}2 = 2{,}7$;
q) $18{,}8 + x : 2{,}5 = 20{,}75$;
r) $2{,}25 : x - 1{,}5 = 0$; $(x \neq 0)$;
s) $12{,}8 + 16{,}56 : x = 20$; $(x \neq 0)$.

Etwas schwieriger wird die Sache bei der Gleichung

$$256 - 19 \cdot x = 123.$$

Hier steht das Produkt 19 · x hinter einem Minuszeichen. Diesen ungewohnten Zustand beheben wir, indem wir auf beiden Seiten der Gleichung das ganze Produkt addieren:

$$\begin{aligned} 256 - 19 \cdot x &= 123 && \| +19 \cdot x \\ 256 - 19 \cdot x + 19 \cdot x &= 123 + 19 \cdot x. \end{aligned}$$

Die Subtraktion von 19 · x hebt sich gegen die Addition von 19 · x auf. Wir erhalten somit:

$$256 = 123 + 19 \cdot x.$$

Und damit sind wir nun wieder auf vertrautem Boden angelangt. Gleichungen dieses Typs haben wir bereits zur Genüge gelöst. Und zwar so:

$$\begin{aligned} 256 &= 123 + 19 \cdot x && \| -123 \\ 256 - 123 &= 19 \cdot x \\ 133 &= 19 \cdot x && \| :19 \\ 133 : 19 &= x \\ 7 &= x \\ \mathbb{L} &= \{7\}. \end{aligned}$$

Weitere Beispiele:

- $$\begin{aligned} 555 - x : 17 &= 164 && \| +x:17 \\ 555 - x : 17 + x : 17 &= 164 + x : 17 \\ 555 &= 164 + x : 17 && \| -164 \\ 555 - 164 &= x : 17 \\ 391 &= x : 17 && \| \cdot 17 \\ 391 \cdot 17 &= x \\ 6647 &= x \\ \mathbb{L} &= \{6647\}. \end{aligned}$$

- $(x \neq 0!)$:

$$\begin{aligned}
1875-875:x &= 1850 && \| +875:x \\
1875-875:x+875:x &= 1850+875:x \\
1875 &= 1850+875:x && \| -1850 \\
1875-1850 &= 875:x \\
25 &= 875:x && \| \cdot x \\
25\cdot x &= 875 && \| :25 \\
x &= 875:25 \\
x &= 35
\end{aligned}$$

$$\mathbb{L} = \{35\}.$$

- $(x \neq 0!)$:

$$\begin{aligned}
72{,}38-122{,}54:x = 50{,}1 & && \| +122{,}54:x \\
72{,}38 &= 50{,}1+122{,}54:x && \| -50{,}1 \\
22{,}28 &= 122{,}54:x && \| \cdot x \\
22{,}28\cdot x &= 122{,}54 && \| :22{,}28 \\
x &= 122{,}54:22{,}28 \\
x &= 5{,}5
\end{aligned}$$

$$\mathbb{L} = \{5{,}5\}.$$

2 Bestimme ebenso die Lösungsmengen der folgenden Gleichungen:

a) $156 - x \cdot 7 = 72$;
b) $777 - x : 88 = 688$;
c) $456 - 834 : x = 317$; $(x \neq 0)$;
d) $1425 - 12 \cdot x = 237$;
e) $3765 - x : 64 = 3567$;
f) $4{,}56 - 3{,}2 \cdot x = 0{,}4$;
g) $23{,}75 - x : 0{,}8 = 14{,}25$;
h) $10{,}72 - 16 : x = 4{,}32$; $(x \neq 0)$;
i) $9228 - 24 \cdot x = 156$;
k) $14\,348 - 11\,613 : x = 10\,477$; $(x \neq 0)$.

Bei den Mathematikern ist es üblich, den „Mal“-Punkt

zwischen einer Zahl und einem Buchstaben,
zwischen einer Zahl und einer Klammer und
zwischen zwei Klammern

wegzulassen.

Sie schreiben $2x$ anstatt $2 \cdot x$
oder $5(x+3)$ anstatt $5 \cdot (x+3)$
oder $(x-7)(x+5)$ anstatt $(x-7) \cdot (x+5)$
oder $5x(3x+2)(7-6x)$ anstatt $5 \cdot x \cdot (3 \cdot x+2) \cdot (7-6 \cdot x)$.

Die Gleichung $9 \cdot x + 375 = 600$

sieht dann so aus: $9x + 375 = 600$.

Beim Lösen dieser Gleichung denken wir uns den Malpunkt einfach dazugeschrieben:

$$\begin{aligned} 9x + 375 &= 600 && \| -375 \\ 9x &= 225 && \| :9 \\ 9x:9 &= 225:9 \\ x &= 25 \\ \mathbb{L} &= \{25\}. \end{aligned}$$

Weitere Beispiele:

- $$\begin{aligned} 8{,}1x - 22{,}4 &= 22{,}96 && \| +22{,}4 \\ 8{,}1x &= 45{,}36 && \| :8{,}1 \\ 8{,}1x:8{,}1 &= 45{,}36:8{,}1 \\ x &= 5{,}6 \\ \mathbb{L} &= \{5{,}6\}. \end{aligned}$$

- $$\begin{aligned} 472 - 14x &= 150 && \| +14x \\ 472 - 14x + 14x &= 150 + 14x \\ 472 &= 150 + 14x && \| -150 \\ 322 &= 14x && \| :14 \\ 322:14 &= 14x:14 \\ 23 &= x \\ \mathbb{L} &= \{23\}. \end{aligned}$$

- $$\begin{aligned} \frac{2}{3} + \frac{4}{5}x &= 2\frac{1}{3} && \| -\frac{2}{3} \\ \frac{4}{5}x &= \frac{5}{3} && \| :\frac{4}{5} \\ \frac{4}{5}x : \frac{4}{5} &= \frac{5}{3} : \frac{4}{5} \\ x &= \frac{5 \cdot 5}{3 \cdot 4} \\ x &= \frac{25}{12} \\ \mathbb{L} &= \left\{\frac{25}{12}\right\}. \end{aligned}$$

3 Bestimme ebenso die Lösungsmengen der folgenden Gleichungen:

a) $12x - 18 = 66$; **b)** $124 + 8x = 268$; **c)** $4{,}8x + 3{,}5 = 34{,}7$;

d) $8{,}72 - 2{,}4x = 0{,}08$; **e)** $\frac{4}{5}x - \frac{2}{3} = \frac{4}{3}$; **f)** $254 + 23x = 415$;

g) $48x + 132 = 192$; **h)** $69 - 3x = 18$;

i) $12{,}48 + 7{,}2x = 46{,}32$; **k)** $187{,}4 - 12{,}5x = 97{,}4$.

Zusammenfassung der in diesem Abschnitt behandelten Gleichungstypen und ihrer Lösungswege

Beispiel			*allgemein*		
$5 \cdot x + 3$	$= 68$	$\Vert -3$	$a \cdot x + b$	$= c$	$\Vert -b$
$5 \cdot x$	$= 65$	$\Vert : 5$	$a \cdot x$	$= c - b$	$\Vert : a$
x	$= 13$		x	$= \frac{c-b}{a}$	
	$\mathbb{L} = \{13\}$			$\mathbb{L} = \left\{\frac{c-b}{a}\right\}$	$(a \neq 0)$
$12 \cdot x - 33$	$= 39$	$\Vert +33$	$a \cdot x - b$	$= c$	$\Vert +b$
$12 \cdot x$	$= 72$	$\Vert : 12$	$a \cdot x$	$= c + b$	$\Vert : a$
x	$= 6$		x	$= \frac{c+b}{a}$	
	$\mathbb{L} = \{6\}$			$\mathbb{L} = \left\{\frac{c+b}{a}\right\}$	$(a \neq 0)$
$78 - 4 \cdot x$	$= 30$	$\Vert +4 \cdot x$	$b - a \cdot x$	$= c$	$\Vert +a \cdot x$
78	$= 30 + 4 \cdot x$	$\Vert -30$	b	$= c + a \cdot x$	$\Vert -c$
48	$= 4 \cdot x$	$\Vert : 4$	$b - c$	$= a \cdot x$	$\Vert : a$
12	$= x$		$\frac{b-c}{a}$	$= x$	
	$\mathbb{L} = \{12\}$			$\mathbb{L} = \left\{\frac{b-c}{a}\right\}$	$(a \neq 0)$
$x : 8 + 25$	$= 37$	$\Vert -25$	$x : a + b$	$= c$	$\Vert -b$
$x : 8$	$= 12$	$\Vert \cdot 8$	$x : a$	$= c - b$	$\Vert \cdot a$
x	$= 96$		x	$= (c - b) \cdot a$	
	$\mathbb{L} = \{96\}$			$\mathbb{L} = \{(c - b) \cdot a\}$	$(a \neq 0)$

3 Einige einfache Gleichungs- und Ungleichungsformen

Beispiel			***allgemein***		
$x:24-13$	$=12$	$\Vert +13$	$x:a-b$	$=c$	$\Vert +b$
$x:24$	$=25$	$\Vert \cdot 24$	$x:a$	$=c+b$	$\Vert \cdot a$
x	$=600$		x	$=(c+b)\cdot a$	
	$\mathbb{L}=\{600\}$			$\mathbb{L}=\{(c+b)\cdot a\}$	$(a\neq 0)$
$429:x-19$	$=20$	$\Vert +19$	$a:x-b$	$=c$	$\Vert +b$
$429:x$	$=39$	$\Vert \cdot x$	$a:x$	$=c+b$	$\Vert \cdot x$
429	$=39\cdot x$	$\Vert :39$	a	$=(c+b)\cdot x$	$\Vert :(c+b)$
11	$=x$		$\frac{a}{c+b}$	$=x$	
	$\mathbb{L}=\{11\}$	$(x\neq 0)$		$\mathbb{L}=\left\{\frac{a}{c+b}\right\}$	$(x\neq 0; c+b\neq 0)$
$94-468:x$	$=68$	$\Vert +468:x$	$b-a:x$	$=c$	$\Vert +a:x$
94	$=68+468:x$	$\Vert -68$	b	$=c+a:x$	$\Vert -c$
26	$=468:x$	$\Vert \cdot x$	$b-c$	$=a:x$	$\Vert \cdot x$
$26\cdot x$	$=468$	$\Vert :26$	$(b-c)\cdot x$	$=a$	$\Vert :(b-c)$
x	$=18$		x	$=\frac{a}{b-c}$	
	$\mathbb{L}=\{18\}$	$(x\neq 0)$		$\mathbb{L}=\left\{\frac{a}{b-c}\right\}$	$(x\neq 0; b-c\neq 0)$
$78-x:12$	$=60$	$\Vert +x:12$	$b-x:a$	$=c$	$\Vert +x:a$
78	$=60+x:12$	$\Vert -60$	b	$=c+x:a$	$\Vert -c$
18	$=x:12$	$\Vert \cdot 12$	$b-c$	$=x:a$	$\Vert \cdot a$
216	$=x$		$(b-c)\cdot a$	$=x$	
	$\mathbb{L}=\{216\}$			$\mathbb{L}=\{(b-c)\cdot a\}$	$(a\neq 0)$
$144:x+23$	$=41$	$\Vert -23$	$a:x+b$	$=c$	$\Vert -b$
$144:x$	$=18$	$\Vert \cdot x$	$a:x$	$=c-b$	$\Vert \cdot x$
144	$=18\cdot x$	$\Vert :18$	a	$=(c-b)\cdot x$	$\Vert :(c-b)$
8	$=x$		$\frac{a}{c-b}$	$=x$	
	$\mathbb{L}=\{8\}$	$(x\neq 0)$		$\mathbb{L}=\left\{\frac{a}{c-b}\right\}$	$(x\neq 0; c-b\neq 0)$

4 Bestimme die Lösungsmengen der folgenden Gleichungen:

a) $28 \cdot x + 13 = 517$;
b) $x \cdot 44 - 123 = 3441$;
c) $555 + 17 \cdot x = 1473$;
d) $479 - 84 \cdot x = 143$;
e) $x : 12 + 49 = 83$;
f) $125 + x : 24 = 150$;
g) $x : 21 - 133 = 17$;
h) $427 - x : 11 = 303$;
i) $434 : x + 49 = 111$; $(x \neq 0)$;
k) $78 + 154 : x = 100$; $(x \neq 0)$;
l) $516 : x - 69 = 17$; $(x \neq 0)$;
m) $176 - 242 : x = 154$; $(x \neq 0)$;
n) $32 \cdot x - 125 = 547$;
o) $572 - 18x = 158$;
p) $14x + 91 = 217$;
q) $217 + 23x = 493$;
r) $77 + x : 12 = 100$;
s) $x : 5 + 288 = 333$;
t) $111 - x : 7 = 25$;
u) $x : 11 - 22 = 11$;
v) $184 : x + 77 = 100$; $(x \neq 0)$;
w) $540 : x - 89 = 1$; $(x \neq 0)$;
x) $175 - 150 : x = 125$; $(x \neq 0)$;
y) $425 + 243 : x = 452$; $(x \neq 0)$;
z) $489 - 816 : x = 421$; $(x \neq 0)$.

Die in diesem Abschnitt entwickelten Lösungsverfahren lassen sich entsprechend auch auf Ungleichungen anwenden.

- $$\begin{aligned} 5 \cdot x + 43 &< 68 && \| -43 \\ 5 \cdot x &< 68 - 43 \\ 5 \cdot x &< 25 && \| :5 \\ x &< 25 : 5 \\ x &< 5 \\ \mathbb{L} &= \{x \mid x < 5\}. \end{aligned}$$

- $$\begin{aligned} 6 \cdot x - 7 &> 32 && \| +7 \\ 6 \cdot x &> 32 + 7 \\ 6 \cdot x &> 39 && \| :6 \\ x &> 39 : 6 \\ x &> 6{,}5 \\ \mathbb{L} &= \{x \mid x > 6{,}5\}. \end{aligned}$$

- $$\begin{aligned} 63 - 3x &\leqq 21 && \| +3x \\ 63 &\leqq 21 + 3x && \| -21 \\ 63 - 21 &\leqq 3x \\ 42 &\leqq 3x && \| :3 \\ 42 : 3 &\leqq x \\ 14 &\leqq x \\ \mathbb{L} &= \{x \mid x \geqq 14\}. \end{aligned}$$

$$\begin{aligned} x:12+15 &< 50 && \|-15 \\ x:12 &< 50-15 \\ x:12 &< 35 && \|\cdot 12 \\ x &< 35\cdot 12 \\ x &< 420 \\ \mathbb{L} &= \{x \mid x < 420\}. \end{aligned}$$

$$\begin{aligned} x:8-12 &\geqq 2 && \|+12 \\ x:8 &\geqq 2+12 \\ x:8 &\geqq 14 && \|\cdot 8 \\ x &\geqq 14\cdot 8 \\ x &\geqq 112 \\ \mathbb{L} &= \{x \mid x \geqq 112\}. \end{aligned}$$

$$\begin{aligned} 72-x:5 &> 15 && \|+x:5 \\ 72 &> 15+x:5 && \|-15 \\ 72-15 &> x:5 \\ 57 &> x:5 && \|\cdot 5 \\ 57\cdot 5 &> x \\ 285 &> x \\ \mathbb{L} &= \{x \mid x < 285\}. \end{aligned}$$

5 Bestimme ebenso die Lösungsmengen der folgenden Ungleichungen:

a) $7 \cdot x - 45 < 46$; **b)** $4 \cdot x + 17 > 113$;
c) $121 - 5 \cdot x \geqq 31$; **d)** $84 + 12 \cdot x < 156$;
e) $x : 12 + 44 < 82$; **f)** $x : 3 - 17 \geqq 44$;
g) $212 - x : 18 < 200$; **h)** $128 + x : 15 > 135$;
i) $15x + 23 \leqq 113$; **k)** $92 + 8 \cdot x \geqq 100$;
l) $444 - 35 \cdot x \leqq 24$; **m)** $18 \cdot x - 68 < 22$;
n) $x : 24 + 13 > 25$; **o)** $59 + x : 16 < 71$;
p) $208 - x : 21 < 159$; **q)** $x : 8 - 29 < 11$.

2. Die Unbekannte x steht in Klammern

Das folgende Zahlenrätsel führt auf eine Gleichung, bei der die unbekannte Zahl x in einer Klammer steht.

Um die Frage nach der gedachten Zahl beantworten zu können, müssen wir also die Lösungsmenge der Gleichung

$$(x+7)\cdot 8 = 192$$

bestimmen.

Dazu bringen wir diese Gleichung schrittweise in die Form „x = …“, also in eine Form, bei der die unbekannte Zahl x allein auf der linken Seite steht.

Im **1. Schritt** beseitigen wir die auf der linken Seite der Gleichung stehende Zahl 8, indem wir **beide** Seiten der Gleichung durch 8 teilen:

$$\begin{aligned} (x+7)\cdot 8 &= 192 \quad \| :8 \\ (x+7)\cdot 8 : 8 &= 192 : 8. \end{aligned}$$

Die Multiplikation der Klammer mit 8 und die anschließende Division durch 8 heben sich gegenseitig auf.

Wir erhalten also:

$$(x+7) = 24.$$

Die Klammer können wir jetzt natürlich auch weglassen und erhalten die Gleichung

$$x + 7 = 24.$$

Im **2. Schritt** beseitigen wir die nun noch auf der linken Seite störende 7, indem wir von beiden Seiten der Gleichung 7 subtrahieren:

$$\begin{aligned} x+7 &= 24 && \|-7 \\ x+7-7 &= 24-7 \\ x &= 17. \end{aligned}$$

Und damit haben wir die gesuchte Lösungsmenge:

$$\mathbb{L} = \{17\}.$$

Natürlich können wir auch zuerst die Klammer, Glied für Glied, ausmultiplizieren. Der Lösungsweg sieht dann so aus:

$$\begin{aligned} (x+7)\cdot 8 &= 192 \\ x\cdot 8 + 7\cdot 8 &= 192 \\ x\cdot 8 + 56 &= 192 && \|-56 \\ x\cdot 8 &= 136 && \|:8 \\ x &= 17 \\ \mathbb{L} &= \{17\}. \end{aligned}$$

Um besser beurteilen zu können, welcher Weg der einfachere ist, stellen wir die beiden Möglichkeiten noch einmal in einer Kurzform einander gegenüber:

1. Weg:	**2. Weg:**
$(x+7)\cdot 8 = 192 \quad \|:8$	$(x+7)\cdot 8 = 192$
$x+7 = 24 \quad \|-7$	$x\cdot 8 + 56 = 192 \quad \|-56$
$x = 17$	$x\cdot 8 = 136 \quad \|:8$
	$x = 17$
$\mathbb{L} = \{17\}.$	$\mathbb{L} = \{17\}.$

Man erkennt, dass der 1. Weg sowohl kürzer als auch leichter ist.

Den 1. Weg gehen wir zweckmäßigerweise auch beim Lösen der Gleichung

$$(x+5)\cdot 7-13=64.$$

Hierbei müssen wir allerdings zuallererst auf beiden Seiten die Zahl 13 addieren. Der Lösungsweg sieht dann folgendermaßen aus:

$$\begin{aligned}(x+5)\cdot 7-13&=64 &&\|+13\\ (x+5)\cdot 7&=77 &&\|:7\\ x+5&=11 &&\|-5\\ x&=6\\ \mathbb{L}&=\{6\}.\end{aligned}$$

Es empfiehlt sich also beim Lösen von Gleichungen, bei denen die Unbekannte x in Klammern steht, nach folgendem Rezept vorzugehen:

„Klammern so lange wie möglich stehen lassen!“

Weitere Beispiele:

- $$\begin{aligned} 12\cdot(x-8)+32 &= 236 && \|-32\\ 12\cdot(x-8) &= 204 && \|:12\\ 12\cdot(x-8):12 &= 204:12 &&\\ x-8 &= 17 && \|+8\\ x &= 25 &&\\ \mathbb{L} &= \{25\}. \end{aligned}$$

- $$\begin{aligned} (x+18):15-38 &= 11 && \|+38\\ (x+18):15 &= 49 && \|\cdot 15\\ (x+18):15\cdot 15 &= 49\cdot 15 &&\\ x+18 &= 735 && \|-18\\ x &= 717 &&\\ \mathbb{L} &= \{717\}. \end{aligned}$$

- $(x \neq 7!)$:
$$\begin{aligned} 168:(x-7)+28 &= 40 && \|-28\\ 168:(x-7) &= 12 && \|\cdot(x-7)\\ 168:(x-7)\cdot(x-7) &= 12\cdot(x-7) &&\\ 168 &= 12\cdot(x-7) && \|:12\\ 168:12 &= 12\cdot(x-7):12 &&\\ 14 &= x-7 && \|+7\\ 21 &= x &&\\ \mathbb{L} &= \{21\}. \end{aligned}$$

Für x darf man nicht 7 einsetzen, sonst würde man durch null dividieren!

- $$\begin{aligned} 156-4\cdot(x+5) &= 100 && \|+4\cdot(x+5)\\ 156-4\cdot(x+5)+4\cdot(x+5) &= 100+4\cdot(x+5) &&\\ 156 &= 100+4\cdot(x+5) && \|-100\\ 56 &= 4\cdot(x+5) && \|:4\\ 14 &= x+5 && \|-5\\ 9 &= x &&\\ \mathbb{L} &= \{9\}. \end{aligned}$$

$$\begin{aligned}
84-(256-x):8 &= 55 && \|+(256-x):8\\
84-(256-x):8+(256-x):8 &= 55+(256-x):8\\
84 &= 55+(256-x):8 && \|-55\\
29 &= (256-x):8 && \|\cdot 8\\
232 &= 256-x && \|+x\\
232+x &= 256 && \|-232\\
x &= 24\\
\mathbb{L} &= \{24\}.
\end{aligned}$$

6 Bestimme ebenso die Lösungsmengen der folgenden Gleichungen:

a) $8 \cdot (x+3)+27=171$;
b) $(x-12)\cdot 15-83=112$;
c) $(x+17):5-18=51$;
d) $18:(x-12)+44=50$; $(x \neq 12)$;
e) $224:(x+7)-23=9$; $(x \neq -7)$;
f) $(x+41)\cdot 12-122=598$;
g) $(x+63):17+23=30$;
h) $88\cdot(13-x)+25=377$; $(x \neq 13)$;
i) $(918+x):25-13=87$;
k) $(x-27):3+270=297$;
l) $(x-44)\cdot 13-140=172$;
m) $(48-x)\cdot 12+328=472$;
n) $1246:(32-x)+122=300$; $(x \neq 32)$;
o) $18\cdot(x-23)+45=243$;
p) $(43+x)\cdot 7-128=285$;
q) $(x-38):15+12=19$;
r) $650:(x+12)-25=1$; $(x \neq -12)$;
s) $(126-x)\cdot 12+88=400$;
t) $(477+x)\cdot 8-275=3725$;
u) $(477-x)\cdot 8-275=3357$;
v) $318-8\cdot(x+17)=118$;
w) $276-(25-x)\cdot 12=204$;
x) $432-(x+13):5=407$;
y) $33-(42-x):4=27$;
z) $444-(x-17)\cdot 15=279$.

Die in diesem Abschnitt beschriebenen und eingeübten Lösungsverfahren für Gleichungen lassen sich entsprechend auch bei Ungleichungen anwenden.

$$\begin{aligned}
(x-5)\cdot 25 &< 200 && \|:25\\
x-5 &< 8 && \|+5\\
x &< 13\\
\mathbb{L} &= \{x \mid x<13\}.
\end{aligned}$$

- $$\begin{aligned} 1{,}2\cdot(1{,}7+x) &\geqq 2{,}7 && \|:1{,}2 \\ 1{,}7+x &\geqq 2{,}7:1{,}2 \\ 1{,}7+x &\geqq 2{,}25 && \|-1{,}7 \\ x &\geqq 0{,}55 \\ \mathbb{L} &= \{x \mid x \geqq 0{,}55\}. \end{aligned}$$

- $$\begin{aligned} (x+12):8+23 &> 38 && \|-23 \\ (x+12):8 &> 15 && \|\cdot 8 \\ x+12 &> 120 && \|-12 \\ x &> 108 \\ \mathbb{L} &= \{x \mid x > 108\}. \end{aligned}$$

- $$\begin{aligned} (8-x):12-3 &\leqq 2 && \|+3 \\ (8-x):12 &\leqq 5 && \|\cdot 12 \\ 8-x &\leqq 60 && \|+x \\ 8 &\leqq 60+x && \|-60 \\ -52 &\leqq x \\ \mathbb{L} &= \{x \mid x \geqq -52\}. \end{aligned}$$

- $$\begin{aligned} 156-3\cdot(x+17) &> 72 && \|+3\cdot(x+17) \\ 156 &> 72+3\cdot(x+17) && \|-72 \\ 84 &> 3\cdot(x+17) && \|:3 \\ 28 &> x+17 && \|-17 \\ 11 &> x \\ \mathbb{L} &= \{x \mid x < 11\}. \end{aligned}$$

7 Bestimme ebenso die Lösungsmengen der folgenden Ungleichungen:

a) $(x + 8) \cdot 12 < 180$;
b) $24 \cdot (x - 3) \geqq 144$;
c) $(x + 12) : 11 > 14$;
d) $(52 - x) \cdot 8 < 56$;
e) $(15 - x) \cdot 17 + 33 \leqq 101$;
f) $(256 - x) : 12 - 12 > 8$;
g) $(12 + x) \cdot 15 + 22 \geqq 367$;
h) $25 \cdot (x - 11) - 18 < 157$;
i) $8 \cdot (x + 14) - 26 < 182$;
k) $(x + 27) : 12 + 34 > 250$;
l) $425 + (x - 3) \cdot 7 > 530$;
m) $(x - 44) \cdot 13 - 132 \leqq 180$;
n) $1888 - 29 \cdot (x + 42) \leqq 3$;
o) $7598 - (x - 2117) : 33 \geqq 7595$;
p) $(48 - x) : 3 + 22 > 33$;
q) $7722 - (x + 545) : 15 < 7419$;

r) $398 - (x - 333) \cdot 11 \geqq 211$; **s)** $(x - 27) \cdot 122 - 314 \leqq 174$;
t) $(x - 35) : 18 + 44 > 52$; **u)** $(35 - x) : 18 + 44 < 45$.

3. Die Unbekannte x tritt beiderseits des Gleichheits- bzw. Ungleichheitszeichens auf

Beim Lösen der in diesem Abschnitt auftretenden Gleichungen werden wir auf Aufgaben der folgenden Art stoßen:

$$5 \cdot x + 3 \cdot x.$$

Wir sollen also zum 5fachen von x das 3fache von x addieren. Die Summe aus dem 5fachen einer Zahl und dem 3fachen derselben Zahl ist aber gleich dem 8fachen dieser Zahl. Zum Beispiel:

$$\begin{aligned} &\mathbf{5} \cdot 10 + \mathbf{3} \cdot 10 = \mathbf{8} \cdot 10, \text{ denn } 50 + 30 = 80 \\ \text{oder } &\mathbf{5} \cdot 6 + \mathbf{3} \cdot 6 = \mathbf{8} \cdot 6, \text{ denn } 30 + 18 = 48 \\ \text{oder } &\mathbf{5} \cdot 1{,}2 + \mathbf{3} \cdot 1{,}2 = \mathbf{8} \cdot 1{,}2, \text{ denn } 6{,}0 + 3{,}6 = 9{,}6. \end{aligned}$$

Also gilt auch: $$\mathbf{5} \cdot x + \mathbf{3} \cdot x = \mathbf{8} \cdot x.$$

Zu diesem Ergebnis kommen wir auch, wenn wir den gemeinsamen Faktor x ausklammern. Wir erhalten:

$$\begin{aligned} 5 \cdot x + 3 \cdot x &= (5 + 3) \cdot x \\ &= 8 \cdot x. \end{aligned}$$

Da die Mathematiker in der Regel den „Mal"-Punkt zwischen einer Zahl und einem Buchstaben weglassen, können wir diese Aufgabe auch so schreiben:

$$5x + 3x = 8x.$$

Mit der Aufgabe $$12 \cdot x - 7 \cdot x$$

erhalten wir den Auftrag:

3 Einige einfache Gleichungs- und Ungleichungsformen

Subtrahiere vom 12fachen der Zahl x das 7fache von x. Wenn man vom 12fachen einer Zahl das 7fache derselben Zahl subtrahiert, dann erhält man das 5fache dieser Zahl. Zum Beispiel:

$$\begin{aligned} &\mathbf{12} \cdot 10 - \mathbf{7} \cdot 10 = \mathbf{5} \cdot 10, \text{ denn } 120 - 70 = 50 \\ \text{oder } &\mathbf{12} \cdot 5 - \mathbf{7} \cdot 5 = \mathbf{5} \cdot 5, \text{ denn } 60 - 35 = 25 \\ \text{oder } &\mathbf{12} \cdot 1{,}5 - \mathbf{7} \cdot 1{,}5 = \mathbf{5} \cdot 1{,}5, \text{ denn } 18{,}0 - 10{,}5 = 7{,}5. \end{aligned}$$

Also gilt auch:

$$\mathbf{12} \cdot x - \mathbf{7} \cdot x = \mathbf{5} \cdot x$$

bzw.

$$\mathbf{12}x - \mathbf{7}x = \mathbf{5}x.$$

Auch hierbei kommen wir durch Ausklammern zum selben Ergebnis:

$$\begin{aligned} 12 \cdot x - 7 \cdot x &= (12 - 7) \cdot x \\ &= 5 \cdot x. \end{aligned}$$

- $25x - 14x = 11x.$
- $1{,}2x + 3{,}6x = 4{,}8x.$
- $\frac{7}{8}x - \frac{3}{4}x = \frac{7}{8}x - \frac{6}{8}x = \frac{1}{8}x.$

8 Berechne ebenso:

a) $25x + 13x$; **b)** $17x - 12x$; **c)** $1{,}4x + 2{,}7x$; **d)** $4{,}8x - 2{,}7x$;
e) $\frac{5}{6}x + \frac{3}{4}x$; **f)** $42x - 13x$; **g)** $\frac{5}{8}x - \frac{1}{2}x$; **h)** $123x - 98x$.

Um die Frage nach der gedachten Zahl zu beantworten, müssen wir die Lösungsmenge der Gleichung

$$x \cdot 8 - 40 = 3 \cdot x$$

bestimmen.

Für $x \cdot 8$ können wir auch $8 \cdot x$ oder kurz $8x$ schreiben.
Für $3 \cdot x$ können wir $3x$ schreiben.

Unsere Gleichung sieht dann so aus:

$$8x - 40 = 3x.$$

Wir bringen sie schrittweise in die Form „x = …"

1. Schritt:
Wir beseitigen die auf der linken Seite stehende Zahl 40, indem wir auf beiden Seiten der Gleichung 40 addieren: →

$$\begin{aligned} 8x - 40 &= 3x \qquad \| +40 \\ 8x &= 3x + 40. \end{aligned}$$

2. Schritt:
Wir beseitigen die 3x auf der rechten Seite, indem wir auf beiden Seiten der Gleichung 3x subtrahieren: →

$$\begin{aligned} 8x &= 3x + 40 \qquad \| -3x \\ 8x - 3x &= 3x + 40 - 3x \\ 5x &= 40. \end{aligned}$$

3. Schritt:
Wir erinnern uns, dass 5x eine Kurzschreibweise für $5 \cdot x$ ist und teilen beide Seiten der Gleichung durch 5: →

$$\begin{aligned} 5 \cdot x &= 40 \qquad \| :5 \\ x &= 8. \end{aligned}$$

Und damit haben wir die gesuchte Lösungsmenge:

$$\mathbb{L} = \{8\}.$$

Weitere Beispiele:

- $$\begin{aligned} 12x-20 &= 4x+100 &&\| +20\\ 12x &= 4x+120 &&\| -4x\\ 12x-4x &= 4x+120-4x\\ 8x &= 120 &&\| :8\\ x &= 15\\ \mathbb{L} &= \{15\}. \end{aligned}$$

- $$\begin{aligned} 54x+552 &= 1644-37x &&\| -552\\ 54x &= 1092-37x &&\| +37x\\ 54x+37x &= 1092-37x+37x\\ 91x &= 1092 &&\| :91\\ x &= 12\\ \mathbb{L} &= \{12\}. \end{aligned}$$

- $$\begin{aligned} 325-7x &= 121-5x &&\| +7x\\ 325-7x+7x &= 121-5x+7x\\ 325 &= 121+2x &&\| -121\\ 204 &= 2x &&\| :2\\ 102 &= x\\ \mathbb{L} &= \{102\}. \end{aligned}$$

Hier ist es einfacher, die x-Glieder auf der rechten Seite zu sammeln. Da sind sie wenigstens positiv!

- $$\begin{aligned} 340-15x &= 2x+68 &&\| +15x\\ 340 &= 17x+68 &&\| -68\\ 272 &= 17x &&\| :17\\ 16 &= x\\ \mathbb{L} &= \{16\}. \end{aligned}$$

- $$\begin{aligned} 2{,}2x+25{,}5 &= 7{,}4x-16{,}1 &&\| -2{,}2x\\ 25{,}5 &= 5{,}2x-16{,}1 &&\| +16{,}1\\ 41{,}6 &= 5{,}2x &&\| :5{,}2\\ 8 &= x\\ \mathbb{L} &= \{8\}. \end{aligned}$$

9 Bestimme ebenso die Lösungsmengen der folgenden Gleichungen:

a) $15x - 23 = 12x - 2$;
b) $24x + 48 = 15x + 84$;
c) $18x + 25 = 32x - 87$;
d) $42x - 12 = 23x + 102$;
e) $56x + 24 = 160 - 12x$;
f) $128 + 5x = 3x + 152$;
g) $258 - 17x = 198 - 13x$;
h) $4{,}7x + 3{,}8 = 2{,}1x + 10{,}3$;
i) $233 - 8x = 5x + 90$;
k) $15{,}7x - 23{,}8 = 30{,}1 - 8{,}8x$;
l) $444 - 15x = 21x - 96$;
m) $77x - 3724 = 56x - 2632$;
n) $1234 - 8x = 15x + 222$;
o) $4{,}75 - 0{,}3x = 1{,}2x - 2{,}75$;
p) $835 + 12x = 18x + 661$;
q) $43{,}2 + 0{,}8x = 56{,}4 - 0{,}3x$;
r) $57x - 321 = 1028 - 14x$;
s) $2x + 12 = x - 5$;
t) $45 + 12x = 5x - 32$;
u) $45x + 135 = 23x - 41$.

Nach demselben Verfahren lassen sich auch derartige Ungleichungen lösen.

$$
\begin{aligned}
19x + 9 &< 16x + 15 && \| -9 \\
19x &< 16x + 6 && \| -16x \\
3x &< 6 && \| :3 \\
x &< 2 \\
\mathbb{L} &= \{x \mid x < 2\}.
\end{aligned}
$$

$$
\begin{aligned}
2x - 7 &\geqq 84 - 11x && \| +7 \\
2x &\geqq 91 - 11x && \| +11x \\
13x &\geqq 91 && \| :13 \\
x &\geqq 7 \\
\mathbb{L} &= \{x \mid x \geqq 7\}.
\end{aligned}
$$

$$
\begin{aligned}
6x - 3 &> 8x + 7 && \| -6x \\
-3 &> 2x + 7 && \| -7 \\
-10 &> 2x && \| :2 \\
-5 &> x \\
\mathbb{L} &= \{x \mid x < -5\}.
\end{aligned}
$$

3 Einige einfache Gleichungs- und Ungleichungsformen

10 Bestimme ebenso die Lösungsmengen der folgenden Ungleichungen:

a) $5x + 23 < 3x + 29$;
b) $12x - 57 > 7x - 17$;
c) $9x + 38 > 2x + 122$;
d) $15x - 22 < 8x + 104$;
e) $127 + 4x < 5x + 2$;
f) $7x + 12 > 15x - 164$;
g) $48 - 5x > 2x + 27$;
h) $225 - 12x < 255 - 18x$;
i) $333 - 7x > 25x + 45$;
k) $4{,}2x - 1{,}3 > 2{,}8x + 0{,}38$;
l) $15{,}25 - 3{,}5x < 4{,}5x - 32{,}75$;
m) $9x + 135 > 15x + 45$;
n) $11x + 28 > 23x - 80$;
o) $225 - 3x < 7x + 55$;
p) $44{,}2 + 8{,}4x \leqq 161{,}2 - 7{,}2x$;
q) $7x + 25 > 3x + 17$;
r) $156 - 15x < 9x + 444$;
s) $43x + 222 \geqq 55x + 282$;
t) $7{,}2x - 2{,}8 \leqq 4{,}5x - 14{,}95$;
u) $5x - 173 \leqq 3x - 173$.

Beim Lösen der nun folgenden Gleichungen und Ungleichungen begegnen wir häufig Aufgaben von der Art

$$3 \cdot 7x.$$

Wir erinnern uns daran, dass 7x eine Kurzschreibweise für $7 \cdot x$ ist. Die Aufgabe lässt sich also auch so schreiben:

$$3 \cdot 7 \cdot x.$$

Und nun erinnern wir uns noch daran, dass bei der Multiplikation das **Verbindungsgesetz (Assoziativgesetz)** gilt. Es lautet:

$$a \cdot b \cdot c = (a \cdot b) \cdot c = a \cdot (b \cdot c).$$

Das heißt also, wir können uns geeignet erscheinende Faktoren eines Produktes durch eine Klammer zusammenfassen. Auf unsere Aufgabe angewandt ergibt sich:

$$3 \cdot 7 \cdot x = (3 \cdot 7) \cdot x = 21 \cdot x = 21x.$$

Außer dem Verbindungsgesetz gilt bei der Multiplikation auch das **Vertauschungsgesetz (Kommutativgesetz).** Es besagt, dass man die Faktoren eines Produktes nach Belieben umstellen kann, ohne dass sich der Wert des Produktes dabei ändert. Wenden wir das Vertauschungsgesetz auf die Aufgabe $5x \cdot 8$ an, dann ergibt sich:

$$5x \cdot 8 = 8 \cdot 5x = 8 \cdot 5 \cdot x = (8 \cdot 5) \cdot x = 40 \cdot x = 40x.$$

- $7 \cdot 15x = (7 \cdot 15)x = 105x.$
- $12x \cdot 3 = 3 \cdot 12x = (3 \cdot 12)x = 36x.$
- $2{,}4 \cdot 0{,}5x = (2{,}4 \cdot 0{,}5)x = 1{,}2x.$
- $1{,}8x \cdot 0{,}12 = (0{,}12 \cdot 1{,}8)x = 0{,}216x.$

11 Berechne ebenso:

a) $7 \cdot 8x$; **b)** $5 \cdot 13x$;
c) $12x \cdot 7$; **d)** $1{,}2 \cdot 4{,}5x$;
e) $0{,}2x \cdot 12$; **f)** $15 \cdot 7x$;
g) $7x \cdot 15$; **h)** $7 \cdot 15x$.

Die Frage nach der gedachten Zahl führt auf die Gleichung

$$(x+8)\cdot 12 = 36x.$$

Auch bei dieser Gleichung tritt die unbekannte Zahl x auf beiden Seiten des Gleichheitszeichens auf.
Erschwerend hinzu kommt aber hierbei die Tatsache, dass die Unbekannte x auf der linken Seite der Gleichung in einer Klammer steht. In einem solchen Fall bleibt uns nichts anderes übrig, als zuallererst die Klammer gliedweise auszumultiplizieren. Es ergibt sich dabei:

$$\begin{aligned} x\cdot 12 + 8\cdot 12 &= 36x \\ 12x + 96 &= 36x. \end{aligned}$$

Und nun gehts weiter wie gewohnt:

$$\begin{aligned} 12x + 96 &= 36x \quad \| -12x \\ 96 &= 24x \quad \| :24 \\ 4 &= x \\ \mathbb{L} &= \{4\}. \end{aligned}$$

Weitere Beispiele:

$$\begin{aligned}
(x-3)\cdot 15 &= (3x+9)\cdot 2 && \|\text{Ausmultiplizieren}\\
x\cdot 15-3\cdot 15 &= 3x\cdot 2+9\cdot 2\\
15x-45 &= 6x+18 && \|-6x\\
9x-45 &= 18 && \|+45\\
9x &= 63 && \|:9\\
x &= 7\\
\mathbb{L} &= \{7\}.
\end{aligned}$$

$$\begin{aligned}
8(25-3x) &= 7(5x-22) && \|\text{Ausmultiplizieren}\\
8\cdot 25-8\cdot 3x &= 7\cdot 5x-7\cdot 22\\
200-24x &= 35x-154 && \|+24x\\
200 &= 59x-154 && \|+154\\
354 &= 59x && \|:59\\
6 &= x\\
\mathbb{L} &= \{6\}.
\end{aligned}$$

$$\begin{aligned}
3{,}2(2{,}4x-1{,}8) &= (0{,}8x+0{,}3)\cdot 3{,}84 && \|\text{Ausmultiplizieren}\\
3{,}2\cdot 2{,}4x-3{,}2\cdot 1{,}8 &= 0{,}8x\cdot 3{,}84+0{,}3\cdot 3{,}84\\
7{,}68x-5{,}76 &= 3{,}072x+1{,}152 && \|-3{,}072x\\
4{,}608x-5{,}76 &= 1{,}152 && \|+5{,}76\\
4{,}608x &= 6{,}912 && \|:4{,}608\\
x &= 1{,}5\\
\mathbb{L} &= \{1{,}5\}.
\end{aligned}$$

12 Bestimme ebenso die Lösungsmengen der folgenden Gleichungen:

a) $(x + 5) \cdot 9 = 24x$;
b) $12 \cdot (x + 8) = 20x$;
c) $2x = 7 \cdot (x - 5)$;
d) $36x = 12 \cdot (12 - x)$;
e) $7 \cdot (3x + 5) = 28x$;
f) $4 \cdot (7 - 2x) = 6x$;
g) $3 \cdot (x + 5) = 7 \cdot (x + 1)$;
h) $(x + 12) \cdot 5 = 3 \cdot (22 + x)$;
i) $4 \cdot (2x - 3) = (2x + 4) \cdot 3$;
k) $8 \cdot (7x - 18) = 19 \cdot (x + 8)$;
l) $0{,}3 \cdot (11x - 29{,}4) = (1{,}96 - 0{,}1x) \cdot 9$;

m) $4 \cdot (1{,}1x + 0{,}09) = 1{,}5 \cdot (2{,}4x + 0{,}88)$;
n) $4 \cdot (9x + 3{,}5) = (10 - 21{,}6x) \cdot 5$; **o)** $3 \cdot (3x + 51) = 5 \cdot (21 - 3x)$;
p) $5 \cdot (9x + 1) = (3x - 5) \cdot 11$; **q)** $15 \cdot (12x + 5) = 7 \cdot (7x - 8)$;
r) $3 \cdot (7 + 3x) = (18 - 5x) \cdot 16$; **s)** $36 \cdot (2x - 3) = 11 \cdot (5x + 1)$;
t) $9 \cdot (5x + 14) = 8 \cdot (16x - 5)$; **u)** $3 \cdot (3x + 2) = 2 \cdot (2x - 7)$.

Nach demselben Verfahren wollen wir nun auch derartige Ungleichungen lösen.

$$\begin{aligned} 7\cdot(x-5) &< 9\cdot(5-x) && \| \text{Ausmultiplizieren} \\ 7x-35 &< 45-9x && \| +9x \\ 16x-35 &< 45 && \| +35 \\ 16x &< 80 && \| :16 \\ x &< 5 \\ \mathbb{L} &= \{x \mid x < 5\}. \end{aligned}$$

$$\begin{aligned} (3x-5)\cdot 8 &> 5\cdot(6+2x) && \| \text{Ausmultiplizieren} \\ 24x-40 &> 30+10x && \| +40 \\ 24x &> 70+10x && \| -10x \\ 14x &> 70 && \| :14 \\ x &> 5 \\ \mathbb{L} &= \{x \mid x > 5\}. \end{aligned}$$

$$\begin{aligned} (1{,}2x+2{,}8)\cdot 0{,}5 &\leqq 2{,}5\cdot(4{,}8x+7{,}4) && \| \text{Ausmultiplizieren} \\ 0{,}6x+1{,}4 &\leqq 12x+18{,}5 && \| -0{,}6x \\ 1{,}4 &\leqq 11{,}4x+18{,}5 && \| -18{,}5 \\ -17{,}1 &\leqq 11{,}4x && \| :11{,}4 \\ -1{,}5 &\leqq x \\ \mathbb{L} &= \{x \mid x \geqq -1{,}5\}. \end{aligned}$$

13 Bestimme ebenso die Lösungsmengen der folgenden Ungleichungen:

a) $5 \cdot (x - 3) > 5 \cdot (3 - x)$; **b)** $3 \cdot (3x - 2) < 2 \cdot (5x - 4)$;
c) $7 \cdot (4x - 5) < 5 \cdot (5x - 4)$; **d)** $3 \cdot (x + 12) < 5x$;
e) $5 \cdot (2x - 8) > 7x + 11$; **f)** $5 \cdot (5x - 12) \leqq (2x + 12) \cdot 2$;

g) $3 \cdot (7x + 3) > 8 \cdot (15 - 2x)$; **h)** $2 \cdot (12x - 5) \geqq 5 \cdot (3x + 7)$;
i) $(3x + 17) \cdot 4 < (20 - 4x) \cdot 5$; **k)** $7 \cdot (9x - 4) < (4x - 9) \cdot 32$;
l) $17 \cdot (11x - 4) > 10 \cdot (15x + 8)$;
m) $2{,}3 \cdot (1{,}2x + 4{,}5) > 0{,}9 \cdot (4{,}5x + 7{,}2)$;
n) $0{,}7 \cdot (0{,}8x + 1{,}2) < 3{,}2 \cdot (1{,}2 - 0{,}2x)$;
o) $(4x - 7) \cdot 5 \geqq 3 \cdot (12x - 1)$; **p)** $17 \cdot (8 - 3x) > 11 \cdot (12 - 5x)$;
q) $(15 - 7x) \cdot 2 \leqq 3 \cdot (10 - 9x)$; **r)** $(8x - 3) \cdot 18 < 7 \cdot (15x + 9)$;
s) $11 \cdot (4x + 5) > (3x - 9) \cdot 9$; **t)** $3 \cdot (3 + 5x) > (5 + 4x) \cdot 4$;
u) $(4{,}4x + 2{,}4) \cdot 0{,}4 < (2{,}6x - 1{,}7) \cdot 0{,}3$.

Test zum 3. Kapitel

Mit dem folgenden Test kannst du überprüfen, ob du in der Lage bist, die in diesem Kapitel behandelten Gleichungs- und Ungleichungstypen selbstständig zu lösen. Mehr als 2 Fehler pro Aufgabe sollten dir dabei nicht unterlaufen.

1
a) $15 \cdot x - 33 = 42$; **b)** $78 - 3 \cdot x = 24$;
c) $55 : x + 22 = 33$; **d)** $x : 12 - 5 = 18$;
e) $98 - x : 8 = 72$; **f)** $87 - 70 : x = 73$.

2
a) $27 - 3 \cdot x < 15$; **b)** $12 \cdot x + 6 > 78$;
c) $x : 8 + 18 \geqq 36$; **d)** $x : 5 - 9 \leqq 12$;
e) $56 - x : 3 > 23$; **f)** $333 - x : 7 \leqq 320$.

3
a) $5 \cdot (x - 7) + 48 = 73$; **b)** $(12 - x) \cdot 28 - 43 = 153$;
c) $(x + 8) : 5 + 28 = 35$; **d)** $144 : (18 - x) + 13 = 25$;
e) $317 - (x + 12) \cdot 6 = 95$; **f)** $444 - (225 - x) : 7 = 414$.

4
a) $(5 + x) \cdot 12 - 18 < 114$; **b)** $(22 - x) : 7 + 12 > 15$;
c) $12 - (x + 15) : 8 > 6$; **d)** $345 - (x - 8) \cdot 25 \leqq 170$;
e) $(x + 22) \cdot 7 - 43 > 132$; **f)** $125 - (x + 7) : 4 < 119$.

5
a) $4 \cdot (2x + 3) = 3 \cdot (3x + 2)$; **b)** $11 \cdot (5x - 2) = 4 \cdot (5 + 12x)$;
c) $5 \cdot (3x - 15) = (4x - 19) \cdot 3$; **d)** $2 \cdot (7x + 9) = 3 \cdot (88 - 9x)$;
e) $(12 - 3x) \cdot 2 = 9 \cdot (7x + 18)$; **f)** $(5x - 17) \cdot 2 = (8x + 12) \cdot 3$.

6
a) $3 \cdot (2 + 3x) < 4 \cdot (2x + 3)$; **b)** $13 \cdot (3x - 11) > 4 \cdot (2x + 3)$;
c) $(8x - 15) \cdot 7 \geqq 3 \cdot (5x + 6)$; **d)** $3 \cdot (5x + 6) < 4 \cdot (7x - 2)$;
e) $5 \cdot (2x - 11) \leqq (9x - 7) \cdot 3$; **f)** $4 \cdot (3 - 2x) > 3 \cdot (2 - 3x)$.

Kapitel 4

Gleichungen und Ungleichungen beliebiger Form

Die Gleichung

$$3x+14+2x-7=7x+8-4x+11$$

sieht auf den ersten Blick ein bisschen umfänglich und unübersichtlich aus, treten doch bei ihr gleich vier Glieder mit der unbekannten Zahl x auf.
Bei etwas genauerem Hinschauen entpuppt sich unsere Gleichung jedoch als ganz harmlos. Sie hat sich nur etwas aufgeplustert, um uns zu imponieren.
Wenn wir in einem ersten Arbeitsgang jede der beiden Seiten der Gleichung so weit wie möglich zusammenfassen, dann zeigt sie sich in ihrer ganzen Harmlosigkeit:

$$\begin{aligned}
3x+14+2x-7&=7x+8-4x+11 && \|\text{Ordnen}\\
3x+2x+14-7&=7x-4x+8+11 && \|\text{Zusammenfassen}\\
5x+7&=3x+19 && \|-7\\
5x&=3x+12 && \|-3x\\
2x&=12 && \|:2\\
x&=6\\
\mathbb{L}&=\{6\}.
\end{aligned}$$

Zur Überprüfung unserer Ergebnisse werden wir von jetzt an bei jeder Gleichung eine **Probe** durchführen.

Dabei gehen wir folgendermaßen vor:

1. Schritt:
Wir setzen auf beiden Seiten der gegebenen Gleichung an die Stelle von x die von uns ermittelte Zahl ein.

2. Schritt:
Wir rechnen jede Seite der Gleichung für sich aus.

3. Schritt:
Wir vergleichen die beiden so erhaltenen Ergebnisse. Stimmen sie überein, dann haben wir richtig gerechnet, stimmen sie nicht überein, dann ist unser Ergebnis falsch, und wir müssen uns noch einmal an die Arbeit machen.

Und so sieht unser Kontrollverfahren aus:

linke Seite	**rechte Seite**
$3 \cdot 6 + 14 + 2 \cdot 6 - 7 =$ $18 + 14 + 12 - 7 = \underline{\underline{37}}$	$7 \cdot 6 + 8 - 4 \cdot 6 + 11 =$ $42 + 8 - 24 + 11 = \underline{\underline{37}}$

Weitere Beispiele:

$$\begin{aligned} 4x + 15 + 3x &= 88 - 4x - 25 - x && \| \text{Ordnen} \\ 4x + 3x + 15 &= 88 - 25 - 4x - x && \| \text{Zusammenfassen} \\ 7x + 15 &= 63 - 5x && \| -15 \\ 7x &= 48 - 5x && \| +5x \\ 12x &= 48 && \| :12 \\ x &= 4 \\ \mathbb{L} &= \{4\}. \end{aligned}$$

Probe:

linke Seite	**rechte Seite**
$4 \cdot 4 + 15 + 3 \cdot 4 =$ $16 + 15 + 12 = \underline{\underline{43}}$	$88 - 4 \cdot 4 - 25 - 4 =$ $88 - 16 - 25 - 4 = \underline{\underline{43}}$

$$\begin{aligned} 2{,}3x + 2{,}4 - 1{,}6x + 1{,}3 &= 5{,}2x - 2{,}3 - 1{,}9x + 0{,}8 && \|\text{Ordnen}\\ 2{,}3x - 1{,}6x + 2{,}4 + 1{,}3 &= 5{,}2x - 1{,}9x - 2{,}3 + 0{,}8 && \|\text{Zusammenfassen}\\ 0{,}7x + 3{,}7 &= 3{,}3x - 1{,}5 && \|+1{,}5\\ 0{,}7x + 5{,}2 &= 3{,}3x && \|-0{,}7x\\ 5{,}2 &= 2{,}6x && \|:2{,}6\\ 2 &= x\\ \mathbb{L} &= \{2\}. \end{aligned}$$

Probe:

linke Seite	rechte Seite
$2{,}3 \cdot 2 + 2{,}4 - 1{,}6 \cdot 2 + 1{,}3 =$ $4{,}6 + 2{,}4 - 3{,}2 + 1{,}3 = \underline{\underline{5{,}1}}$	$5{,}2 \cdot 2 - 2{,}3 - 1{,}9 \cdot 2 + 0{,}8 =$ $10{,}4 - 2{,}3 - 3{,}8 + 0{,}8 = \underline{\underline{5{,}1}}$

$$\begin{aligned} 8x - 13 &= 3x + 17 - 7x && \|\text{Ordnen}\\ 8x - 13 &= 17 + 3x - 7x && \|\text{Zusammenfassen}\\ 8x - 13 &= 17 - 4x && \|+13\\ 8x &= 30 - 4x && \|+4x\\ 12x &= 30 && \|:12\\ x &= 2{,}5\\ \mathbb{L} &= \{2{,}5\}. \end{aligned}$$

Probe:

linke Seite	rechte Seite
$8 \cdot 2{,}5 - 13 =$ $20 - 13 = \underline{\underline{7}}$	$3 \cdot 2{,}5 + 17 - 7 \cdot 2{,}5 =$ $7{,}5 + 17 - 17{,}5 = \underline{\underline{7}}$

1 Bestimme ebenso die Lösungsmengen der folgenden Gleichungen und mache jeweils auch die Probe.

a) $3x + 13 + 2x - 5 = 25 + 5x - 20 + x$;
b) $7x - 5 + 12x + 11 = 4x + 55 + 6x - 4$;
c) $11x - 18 - 6x + 32 = 4x + 12 + 2x$;
d) $32x - 122 + 18x + 44 = 13x + 85 - 8x + 2 + 12x$;
e) $15x + 128 - 13x + 54 = 215 + 3x - 125 + 7x$;
f) $4{,}5x + 3{,}2 - 2{,}2x - 1{,}8 = 3{,}6x + 4{,}4 - 1{,}4x + 1{,}7$;
g) $25x - 33 + 12x + 55 = 38x + 80 - 5x + 46$;
h) $42 - 17x + 23 - 8x = 64 - 13x + 23 - 8x$;

i) $72 - 5x + 38 + 17x = 18x + 48 - 24x + 98;$
k) $18x - 75 + 3x + 128 - 7x = 68 - 8x - 25 + 14x;$
l) $13 + 34x - 5 + 23 - 14x = 97 + 20x + 29 - 10x;$
m) $19x + 72 - 3x - 17 = 12 + 4x + 83 + 9x - 25;$
n) $76x - 91 + 3x = 29x + 46 + 10x + 37 + 6x + 30;$
o) $200x - 100 - 62x = 14x - 38 - 50x + 141 + 116x;$
p) $x - 290 - 47x + 78 = 51x + 142 - 9x - 90 - 8x.$

Ebenso lassen sich Ungleichungen derselben Bauart lösen.

$$\begin{aligned}
14x-6+5x+15 &< 3x+22+13x-7 && \| \text{Ordnen}\\
14x+5x-6+15 &< 3x+13x+22-7 && \| \text{Zusammenfassen}\\
19x+9 &< 16x+15 && \| -16x\\
3x+9 &< 15 && \| -9\\
3x &< 6 && \| :3\\
x &< 2\\
\mathbb{L} &= \{x \mid x < 2\}.
\end{aligned}$$

Nun wäre eigentlich die Probe fällig. Dabei geraten wir jedoch in unüberwindliche Schwierigkeiten. Die Lösungsmenge enthält unendlich viele Zahlen. Wir müssten also unendlich viele Proben durchführen. Und das schaffen wir nicht! Trotzdem sollten wir aber nicht ganz und gar auf eine Überprüfung unseres Ergebnisses verzichten. Um grobe Fehler zu erkennen, genügt es meist schon, für eine einzige Zahl aus der Lösungsmenge die Probe durchzuführen.

Für $x = 1$ sieht unsere Probe so aus:

linke Seite	**rechte Seite**
$14 \cdot 1 - 6 + 5 \cdot 1 + 15 =$ $14 - 6 + 5 + 15 = \underline{\underline{28}}$	$3 \cdot 1 + 22 + 13 \cdot 1 - 7 =$ $3 + 22 + 13 - 7 = \underline{\underline{31}}$

$$28 < 31$$

$$2{,}7 - 1{,}5x + 1{,}9 + 1{,}8x \geqq 6 + 0{,}9x + 2{,}6 - x \quad \| \text{Ordnen}$$
$$2{,}7 + 1{,}9 - 1{,}5x + 1{,}8x \geqq 6 + 2{,}6 + 0{,}9x - x \quad \| \text{Zusammenfassen}$$
$$4{,}6 + 0{,}3x \geqq 8{,}6 - 0{,}1x \quad \| +0{,}1x$$
$$4{,}6 + 0{,}4x \geqq 8{,}6 \quad \| -4{,}6$$
$$0{,}4x \geqq 4 \quad \| :0{,}4$$
$$x \geqq 10$$
$$\mathbb{L} = \{x \mid x \geqq 10\}.$$

Probe für x = 11

linke Seite	rechte Seite
$2{,}7 - 1{,}5 \cdot 11 + 1{,}9 + 1{,}8 \cdot 11 =$ $2{,}7 - 16{,}5 + 1{,}9 + 19{,}8 = \underline{\underline{7{,}9}}$	$6 + 0{,}9 \cdot 11 + 2{,}6 - 11 =$ $6 + 9{,}9 + 2{,}6 - 11 = \underline{\underline{7{,}5}}$

$7{,}9 > 7{,}5$

2 Bestimme ebenso die Lösungsmengen der folgenden Ungleichungen:

a) $7x + 48 + 9x - 65 < 15x + 22 - 8x - 30$;
b) $3x + 13 + 17x - 43 > 18x + 23 - 2x - 12 - 6x - 11$;
c) $15x - 7 + 4x + 16 \leqq 13x + 22 + 3x - 7$;
d) $38x + 102 - 20x - 53 \geqq 25 + 25x - 30 - 16x$;
e) $15x + 65 - 26x + 19 < 50 + 12x - 57 - 10x$;
f) $2{,}4x - 0{,}8 - 3{,}4x - 2{,}8 > 5x - 3{,}8 - 15x + 6{,}5$;
g) $38x - 103 - 7x + 49 - 26x \leqq 73 - 51x + 69$;
h) $8x - 5 - 3x + 2x \geqq 5x - 9 + 8$;
i) $1{,}1x + 1{,}5 - 1{,}7x < 4{,}4 - 0{,}5x - 2{,}9 - 2{,}1x$;
k) $40x - 16 + 26x + 8 \geqq 15x + 12 - 33x + 64$.

Bei der Gleichung

$$76x + (3x - 91) - (10x + 46) = 29x - (6x - 47)$$

treten Klammern auf. Diese müssen im ersten Arbeitsgang beseitigt werden.

Dabei sind die folgenden Regeln zu beachten:

1. Eine Klammer, vor der ein Pluszeichen steht, kann ohne weiteres weggelassen werden:

$$a + (b + c - d) = a + b + c - d$$

2. Eine Klammer, vor der ein Minuszeichen steht, kann weggelassen werden, wenn man alle ursprünglich in der Klammer stehenden Pluszeichen in Minuszeichen und alle Minuszeichen in Pluszeichen umwandelt:

$$a - (b + c - d) = a - b - c + d$$

Bei Anwendung dieser Regeln auf die vorliegende Gleichung ergibt sich:

$$76x + 3x - 91 - 10x - 46 = 29x - 6x + 47.$$

Und nun gehts weiter, wie gewohnt, und es folgt das Umordnen:

$$\begin{aligned} 76x + 3x - 10x - 91 - 46 &= 29x - 6x + 47 && \| \text{Zusammenfassen} \\ 69x - 137 &= 23x + 47 && \| +137 \\ 69x &= 23x + 184 && \| -23x \\ 46x &= 184 && \| :46 \\ x &= 4 \\ \mathbb{L} &= \{4\}. \end{aligned}$$

Probe:

linke Seite	rechte Seite
$76 \cdot 4 + (3 \cdot 4 - 91) - (10 \cdot 4 + 46) =$	$29 \cdot 4 - (6 \cdot 4 - 47) =$
$304 + (12 - 91) - (40 + 46) =$	$116 - (24 - 47) =$
$304 + 12 - 91 - 40 - 46 = \underline{\underline{139}}$	$116 - 24 + 47 = \underline{\underline{139}}$

Weitere Beispiele:

- $$\begin{aligned} (19x - 17) - (3x - 72) &= 12 - (25 - 9x) + (4x + 83) && \| \text{Klammern auflösen} \\ 19x - 17 - 3x + 72 &= 12 - 25 + 9x + 4x + 83 && \| \text{Zusammenfassen} \\ 16x + 55 &= 13x + 70 && \| -55 \\ 16x &= 13x + 15 && \| -13x \end{aligned}$$

$$
\begin{aligned}
3x &= 15 && \|:3 \\
x &= 5 \\
\mathbb{L} &= \{5\}.
\end{aligned}
$$

Probe:

linke Seite	rechte Seite
$(19\cdot 5-17)-(3\cdot 5-72)=$	$12-(25-9\cdot 5)+(4\cdot 5+83)=$
$(95-17)-(15-72)=$	$12-(25-45)+(20+83)=$
$78-(-57)=$	$12-(-20)+103=$
$78+57=\underline{\underline{135}}$	$12+20+103=\underline{\underline{135}}$

$$
\begin{aligned}
(17x-28)-(32x+99) &= (23x+21)-(21x+12) && \|\text{Klammer auflösen} \\
17x-28-32x-99 &= 23x+21-21x-12 && \|\text{Zusammenfassen} \\
-15x-127 &= 2x+9 && \|+15x \\
-127 &= 17x+9 && \|-9 \\
-136 &= 17x && \|:17 \\
-8 &= x \\
\mathbb{L} &= \{-8\}.
\end{aligned}
$$

Probe:

linke Seite	rechte Seite
$(17\cdot(-8)-28)-(32\cdot(-8)+99)=$	$(23\cdot(-8)+21)-(21\cdot(-8)+12)=$
$(-136-28)-(-256+99)=$	$(-184+21)-(-168+12)=$
$(-164)-(-157)=$	$(-163)-(-156)=$
$-164+157=\underline{\underline{-7}}$	$-163+156=\underline{\underline{-7}}$

3 Bestimme ebenso die Lösungsmengen der folgenden Gleichungen:

a) $(35x + 12) + (15 - 15x) - (18x - 30) = 14x - (20 + 5x)$;
b) $(13 - 27x) - (18x + 3) = (12 - 5x) - (4 + 20x)$;
c) $(11x + 15) - (22 - 21x) = (17x + 22) - (5x + 9)$;
d) $19{,}5x - (12 + 8{,}7x) + 20 - (4{,}9x + 8) = 0$;
e) $(x + 6) - (x - 7) = (4x + 20) - (3 + 5x)$;
f) $(13x - 1) - (12x - 3) = (8x - 1) + (6x + 8) - (14x + 2)$;
g) $(113x + 73) - (5x + 16) = (23x + 85) - (33x - 45) + (62x + 151)$;
h) $(10x - 90) - (99x - 45) = 101 - (84x + 5) - (93 + 17x)$;
i) $(6x - 24) - (30x - 222) + (21x + 48) = (20x + 40) - (74 - 12x)$;
k) $(42x + 35) - (24 - 32x) = 24x + 211$.

Bei Ungleichungen dieser Art verfährt man ganz genau so.

$$\begin{aligned}
15x-(12+11x) &> 12-(23-3x) && \|\text{Klammern auflösen}\\
15x-12-11x &> 12-23+3x && \|\text{Zusammenfassen}\\
4x-12 &> 3x-11 && \|-3x\\
x-12 &> -11 && \|+12\\
x &> 1\\
\mathbb{L} &= \{x \mid x>1\}.
\end{aligned}$$

$$\begin{aligned}
(20+2x)-(x+3) &\leqq (3x-20)+(2x-3) && \|\text{Klammern auflösen}\\
20+2x-x-3 &\leqq 3x-20+2x-3 && \|\text{Zusammenfassen}\\
17+x &\leqq 5x-23 && \|-x\\
17 &\leqq 4x-23 && \|+23\\
40 &\leqq 4x && \|:4\\
10 &\leqq x\\
\mathbb{L} &= \{x \mid x \geqq 10\}.
\end{aligned}$$

4 Bestimme ebenso die Lösungsmengen der folgenden Ungleichungen:

a) $24x - (4 + 15x) < 7 - (9 - 8x)$;
b) $(5 - 9x) - (2x - 7) > 6 - (12x - 11)$;
c) $(7 + 28x) - (4x - 3) \leqq 9 + (23x + 5)$;
d) $61 - (37 + 16x) \geqq 46 - (19 - 11x)$;
e) $15x - (12 + 11x) < 12 - (23 - 3x)$;
f) $35x + (27 - 15x) - (18x - 30) \leqq 14x - (20 + 5x)$;
g) $15 + 21x - (22 - 11x) > 22 - 5x - (9 - 17x)$;
h) $0{,}25x - (1{,}6 + 0{,}18x) < (9{,}2 + 0{,}19x) - (6{,}4 + 0{,}23x)$;
i) $(39x - 194) - (x - 50) < (92x - 52) - (81x - 82) + 15$;
k) $14x - (19 + 25x) > (34x + 18) - (15x - 23)$

Gelegentlich treten bei derartigen Gleichungen oder Ungleichungen ineinander geschachtelte Klammern auf, wie beim folgenden Beispiel:

$$13-[(7x-9)+(23x-11)-(18x+19)]=3x-(2x+13).$$

In einem solchen Fall löst man zuerst die runden Klammern auf und danach die eckigen.

Das sieht dann so aus:

$$13-\left[(7x-9)+(23x-11)-(18x+19)\right]=3x-(2x+13) \quad \|\text{runde Klammern auflösen}$$

$$\begin{aligned}
13-\left[7x-9+23x-11-18x-19\right]&=3x-2x-13 && \|\text{Zusammenfassen}\\
13-\left[12x-39\right]&=x-13 && \|\text{eckige Klammern auflösen}\\
13-12x+39&=x-13 && \|\text{Zusammenfassen}\\
52-12x&=x-13 && \|+13\\
65-12x&=x && \|+12x\\
65&=13x && \|:13\\
5&=x\\
\mathbb{L}&=\{5\}.
\end{aligned}$$

Probe:

linke Seite

$$\begin{aligned}
&13-[(7\cdot 5-9)+(23\cdot 5-11)-(18\cdot 5+19)]=\\
&13-[(35-9)+(115-11)-(90+19)]=\\
&13-[26+104-109]=\\
&13-21=\underline{\underline{-8}}
\end{aligned}$$

rechte Seite

$$\begin{aligned}
&3\cdot 5-(2\cdot 5+13)=\\
&15-(10+13)=\\
&15-23=\underline{\underline{-8}}
\end{aligned}$$

Weitere Beispiele:

- $17x - [5 - (12x + 6) + 13x] = 5x + [20 - (5 - 4x)]$ ‖ runde Klammern auflösen

$$17x - [5 - 12x - 6 + 13x] = 5x + [20 - 5 + 4x] \quad \| \text{Zusammenfassen}$$
$$17x - [x - 1] = 5x + [15 + 4x] \quad \| \text{eckige Klammern auflösen}$$
$$17x - x + 1 = 5x + 15 + 4x \quad \| \text{Zusammenfassen}$$
$$16x + 1 = 9x + 15 \quad \| -1$$
$$16x = 9x + 14 \quad \| -9x$$
$$7x = 14 \quad \| :7$$
$$x = 2$$
$$\mathbb{L} = \{2\}.$$

Probe:

linke Seite

$$17 \cdot 2 - [5 - (12 \cdot 2 + 6) + 13 \cdot 2] =$$
$$34 - [5 - (24 + 6) + 26] =$$
$$34 - [5 - 30 + 26] =$$
$$34 - 1 = \underline{\underline{33}}$$

rechte Seite

$$5 \cdot 2 + [20 - (5 - 4 \cdot 2)] =$$
$$10 + [20 - (5 - 8)] =$$
$$10 + [20 - (-3)] =$$
$$10 + [20 + 3] =$$
$$10 + 23 = \underline{\underline{33}}$$

- $8x - [(11x + 3) - (8 - 9x)] = 34 + [9x - (4x - 39)]$ ‖ runde Klammern auflösen

$$8x - [11x + 3 - 8 + 9x] = 34 + [9x - 4x + 39] \quad \| \text{Zusammenfassen}$$
$$8x - [20x - 5] = 34 + [5x + 39] \quad \| \text{eckige Klammern auflösen}$$
$$8x - 20x + 5 = 34 + 5x + 39 \quad \| \text{Zusammenfassen}$$
$$5 - 12x = 5x + 73 \quad \| +12x$$
$$5 = 17x + 73 \quad \| -73$$
$$-68 = 17x \quad \| :17$$
$$-4 = x$$
$$\mathbb{L} = \{-4\}.$$

Probe:

linke Seite

$$8 \cdot (-4) - [(11 \cdot (-4) + 3) - (8 - 9 \cdot (-4))] =$$
$$-32 - [(-44 + 3) - (8 - (-36))] =$$
$$-32 - [-41 - 44] =$$
$$-32 - [-85] =$$
$$-32 + 85 = \underline{\underline{53}}$$

rechte Seite

$$34 + [9 \cdot (-4) - (4 \cdot (-4) - 39)] =$$
$$34 + [-36 - (-16 - 39)] =$$
$$34 + [-36 - (-55)] =$$
$$34 + [-36 + 55] =$$
$$34 + 19 = \underline{\underline{53}}$$

5 Bestimme ebenso die Lösungsmengen der folgenden Gleichungen:

a) $11 - [(6x - 6) - (6 + 3x)] = 6x + [4 - (4x - 4)]$;
b) $300x - 200 - [(20x - 5) + 2] = (48\,x - 66) + 333$;
c) $25 + [(30x - 45) - (7 - 12x)] - (64x + 83)$
$= [(92x - 4) + 6] - [17 - (45 - 100x)]$;
d) $22x - [91 + (63 - 34x)] = (7 + 87x) + [23 - (32x - 22)]$;
e) $(8x - 7) - [(6 - 4x) - (3 + 3x)] = 12x - [18 + (22 - 18x)]$;
f) $33x - 132 - [(82 + 15x) - (39x - 26)]$
$= 5x - [75 + (18x + 6) - (6x + 65)]$;
g) $(25x - 37) - [(12x + 46) - (111 - 5x) - 14x] = 28x - (13x - 112)$;
h) $11{,}2x - (4{,}3x - 6{,}3) + [3{,}6 - (5{,}7 - 1{,}8x)]$
$= 8{,}9 - [2{,}5x - (7{,}8x + 3{,}8)]$;
i) $(44x - 17) - [(11x + 14) + (5x - 58)]$
$= 8x + [108 - (23 - 13x) - (13 - 12x)]$.

Ebenso verfährt man mit Ungleichungen, bei denen runde und eckige Klammern auftreten.

$$8x - [(3x+5) - (2x-7)] - (5x-9) > 1 \quad \| \text{runde Klammern auflösen}$$
$$8x - [3x+5-2x+7] - 5x+9 > 1 \quad \| \text{Zusammenfassen}$$
$$8x - [x+12] - 5x+9 > 1 \quad \| \text{eckige Klammern auflösen}$$
$$8x - x - 12 - 5x + 9 > 1 \quad \| \text{Zusammenfassen}$$
$$2x - 3 > 1 \quad \| +3$$
$$2x > 4 \quad \| :2$$
$$x > 2$$
$$\mathbb{L} = \{x \mid x > 2\}.$$

$$2{,}4x - [0{,}8 + (2{,}8 + 3{,}4x)] \leqq (5x - 3{,}8) - (15x - 6{,}5) \quad \| \text{runde Klammern auflösen}$$
$$2{,}4x - [0{,}8 + 2{,}8 + 3{,}4x] \leqq 5x - 3{,}8 - 15x + 6{,}5 \quad \| \text{Zusammenfassen}$$
$$2{,}4x - [3{,}6 + 3{,}4x] \leqq 2{,}7 - 10x \quad \| \text{eckige Klammern auflösen}$$
$$2{,}4x - 3{,}6 - 3{,}4x \leqq 2{,}7 - 10x \quad \| \text{Zusammenfassen}$$
$$-3{,}6 - x \leqq 2{,}7 - 10x \quad \| +10x$$
$$-3{,}6 + 9x \leqq 2{,}7 \quad \| +3{,}6$$
$$9x \leqq 6{,}3 \quad \| :9$$
$$x \leqq 0{,}7$$
$$\mathbb{L} = \{x \mid x \leqq 0{,}7\}.$$

6 Bestimme ebenso die Lösungsmengen der folgenden Ungleichungen:

a) $22x - [(8x + 6) - (18 - 2x)] < (13x - 14) + [39 - (8x - 8)]$;
b) $37 + [23x - (13 + 8x)] > 22x - [(6x - 11) + (9x - 53)]$;
c) $21 - [(5x + 18) - (53 - 4x) + 4] \leqq (17x + 12) - (8x - 13)$;
d) $(13{,}3x + 5{,}23) - [14{,}2x - (7{,}4x + 3{,}54) + 6{,}28] \geqq 1{,}7x + 8{,}25$;
e) $(31x + 43) - (14x + 29) < 17x + [(111 + 11x) - (23x + 13)]$.

Ganz anders zu behandeln als bisher sind die Klammern bei der Gleichung

$$18 + 5 \cdot (3x - 2) = 2 \cdot (7x + 1).$$

Hierbei müssen nach dem Grundsatz

Punktrechnung geht vor Strichrechnung

zuallererst die beiden Produkte

$$5 \cdot (3x - 2) \text{ und } 2 \cdot (7x + 1)$$

ausgerechnet werden.

Dies geschieht nach der Regel:

$$a \cdot (b + c) = a \cdot b + a \cdot c$$
$$\text{bzw. } a \cdot (b - c) = a \cdot b - a \cdot c.$$

Damit ergibt sich:

$$5 \cdot (3x - 2) = 5 \cdot 3x - 5 \cdot 2 = 15x - 10$$
$$\text{und } 2 \cdot (7x + 1) = 2 \cdot 7x + 2 \cdot 1 = 14x + 2.$$

Nach Ausführung dieser Multiplikation sieht unsere Gleichung nun folgendermaßen aus:

$$18 + 15x - 10 = 14x + 2.$$

In dieser Form ist sie uns vertraut, und wir setzen ihre weitere Verarbeitung mit der Zusammenfassung der linken Seite fort:

$$\begin{aligned} 8+15x &= 14x+2 && \|-8 \\ 15x &= 14x-6 && \|-14x \\ x &= -6 \\ \mathbb{L} &= \{-6\}. \end{aligned}$$

Probe:

linke Seite	rechte Seite
$18+5\cdot(3\cdot(-6)-2)=$	$2\cdot(7\cdot(-6)+1)=$
$18+5\cdot(\ -18\ \ -2)=$	$2\cdot(-42\ \ +1)=$
$18+5\cdot(\ \ -20\ \ )=$	$2\cdot(\ \ -41\ \ )=\underline{\underline{-82}}$
$18\ \ -100\ \ =\underline{\underline{-82}}$	

Ein bisschen aufpassen musst du, wenn vor dem Produkt ein Minuszeichen steht, wie zum Beispiel in der folgenden Gleichung:

$$11x-6\cdot(2x-1)=14.$$

Hier ist es am besten, wenn du das noch unausgerechnete Produkt zunächst einmal in eine eckige Klammer setzt.
Die gegebene Gleichung sieht dann so aus:

$$11x-[6\cdot(2x-1)]=14.$$

Und nun rechnest du das Podukt aus

$$11x-[12x-6]=14$$

und löst anschließend die eckige Klammer nach den hinreichend bekannten Klammerregeln auf:

$$11x-12x+6=14.$$

Und weiter gehts wie gewohnt:

$$
\begin{aligned}
-x+6&=14 && \| +x\\
6&=14+x && \| -14\\
-8&=x\\
\mathbb{L}&=\{-8\}.
\end{aligned}
$$

Probe:

linke Seite	rechte Seite
$11\cdot(-8)-6\cdot(2\cdot(-8)-1)=$ $-88 \quad -6\cdot(-16 \quad -1)=$ $-88 \quad -6\cdot(\quad -17 \quad)=$ $-88 \quad +102 \quad =\underline{\underline{14}}$	$\underline{\underline{14}}$

Um das Produkt aus einer Zahl und einer Klammer solltest du also unbedingt stets dann eine eckige Klammer setzen, wenn vor dem Produkt ein Minuszeichen steht. Du vermeidest dadurch unangenehme Vorzeichenfehler.

Steht vor einem solchen Produkt ein Pluszeichen, dann besteht im Grunde genommen keinerlei Gefahr eines Vorzeichenfehlers. Ein solches Produkt müsste man also eigentlich nicht in eckige Klammern setzen. Es schadet aber auch nichts, wenn man es trotzdem tut. Deshalb solltest du dir grundsätzlich angewöhnen:

Um jedes Produkt aus einer Zahl und einer Klammer wird zunächst eine eckige Klammer gesetzt.

Das bisschen Mehr an Schreibarbeit zahlt sich reichhaltig aus gegen ein bisschen weniger an Fehlern.

Weitere Beispiele:

$24+7\cdot(6x+5)-8\cdot(3-4x)=199+(2x+3)\cdot 12$	‖eckige Klammern setzen
$24+[7\cdot(6x+5)]-[8\cdot(3-4x)]=199+[(2x+3)\cdot 12]$	‖Ausmultiplizieren
$24+[42x+35]-[24-32x]=199+[24x+36]$	‖eckige Klammern auflösen
$24+42x+35-24+32x=199+24x+36$	‖Zusammenfassen
$74x+35=24x+235$	‖$-24x$
$50x+35=235$	‖-35
$50x=200$	‖$:50$
$x=4$	
$\mathbb{L}=\{4\}.$	

Probe:

linke Seite	rechte Seite
$24+7\cdot(6\cdot 4+5)-8\cdot(3-4\cdot 4)=$	$199+12\cdot(2\cdot 4+3)=$
$24+7\cdot\ 29\ -8\cdot(\ -13\ )=$	$199+12\cdot\ 11\ =$
$24+203\ +\ 104\ =\underline{\underline{331}}$	$199+\ 132\ =\underline{\underline{331}}$

$5\cdot(4x+12)-(7x+5)\cdot 13=7\cdot(5x-113)-4\cdot(23-21x)-72$	‖eckige Klammern setzen
$[5\cdot(4x+12)]-[(7x+5)\cdot 13]=[7\cdot(5x-113)]-[4\cdot(23-21x)]-72$	‖Ausmultiplizieren
$[20x+60]-[91x+65]=[35x-791]-[92-84x]-72$	‖eckige Klammern auflösen
$20x+60-91x-65=35x-791-92+84x-72$	‖Zusammenfassen
$-71x-5=119x-955$	‖$+71x$
$-5=190x-955$	‖$+955$
$950=190x$	‖$:190$
$5=x$	
$\mathbb{L}=\{5\}.$	

Probe:

linke Seite	rechte Seite
$5\cdot(4\cdot 5+12)-(7\cdot 5+5)\cdot 13=$	$7\cdot(5\cdot 5-113)-4\cdot(23-21\cdot 5)-72=$
$5\cdot(\ 20\ +12)-(35\ +5)\cdot 13=$	$7\cdot(\ 25\ -113)-4\cdot(23-\ 105\ )-72=$
$5\cdot\ 32\ -\ 40\ \cdot 13=$	$7\cdot(\ -88\ )-4\cdot(\ -82\ )-72=$
$160\ -\ 520\ =\underline{\underline{-360}}$	$-616\ +\ 328\ -72=\underline{\underline{-360}}$

7 Bestimme ebenso die Lösungsmengen der folgenden Gleichungen:

a) $100 \cdot (3x - 2) - 5 \cdot (4x - 1) = 335 - 6 \cdot (11 - 8x)$;
b) $80 - 15 \cdot (2x - 3) + 15x = 7 \cdot (3x - 21) + 8 \cdot (3x - 1) - 16 \cdot (x + 5) + 52$;
c) $11 - 6 \cdot (x - 1) + 3 \cdot (2 + x) = 2 \cdot (3x + 2) - 4 \cdot (x - 1)$;
d) $0{,}4 \cdot (3x - 1{,}5) - 0{,}3 \cdot (8 - 5x) = 3{,}04 - 0{,}5 \cdot (4{,}6 - 2x)$;
e) $7 \cdot (4x - 3) - (2x + 1) \cdot 9 = 6 \cdot (3x - 1) - (4x + 3) \cdot 4$;
f) $7 \cdot (6x + 5) - 8 \cdot (3 - 4x) = 12 \cdot (2x + 3) + 175$;
g) $2 \cdot (2x + 5) + 0{,}75 \cdot (2x + 3) = 1{,}5 \cdot (8 - x) - 0{,}5 \cdot (x - 30{,}5)$;
h) $7 \cdot (4 - x) - 28 \cdot (3x - 5) + 35 = 27 \cdot (x - 5) + 8 \cdot (4x - 11) - 12 \cdot (3x - 7)$;
i) $5 \cdot (7x - 6) - 11 \cdot (8x - 3) = 10 \cdot (3x - 8)$;
k) $7 \cdot (3x - 6) - 5 \cdot (3 - x) = 11 \cdot (10 - x) - 4 \cdot (17 - x)$.

Bei entsprechenden Ungleichungen sieht das Lösungsverfahren ganz ähnlich aus.

$$
\begin{aligned}
16x - 7 \cdot (6x + 4) &> 23 - 5 \cdot (3 - 2x) && \| \text{eckige Klammern setzen} \\
16x - [7 \cdot (6x + 4)] &> 23 - [5 \cdot (3 - 2x)] && \| \text{Ausmultiplizieren} \\
16x - [42x + 28] &> 23 - [15 - 10x] && \| \text{eckige Klammern auflösen} \\
16x - 42x - 28 &> 23 - 15 + 10x && \| \text{Zusammenfassen} \\
-26x - 28 &> 8 + 10x && \| +26x \\
-28 &> 8 + 36x && \| -8 \\
-36 &> 36x && \| :36 \\
-1 &> x \\
\mathbb{L} &= \{x \mid x < -1\}.
\end{aligned}
$$

8 Bestimme ebenso die Lösungsmengen der folgenden Ungleichungen:

a) $4 \cdot (x + 3) - 15 \cdot (1 - x) < 2 \cdot (x + 7)$;
b) $8 \cdot (x - 1) - 17 \cdot (3 - x) < 4 - 12 \cdot (3 - 2x)$;
c) $20x - 4 \cdot (3x - 8) \leqq 3 \cdot (2x - 18) + 8 \cdot (2x + 3) - (28 - x)$;
d) $2{,}3 \cdot (0{,}7x - 1{,}7) - 2{,}6 \cdot (3{,}4 - 0{,}9x) - 1 > 1{,}8 \cdot (1{,}7 - 2{,}2x) + 0{,}9 \cdot (0{,}9x - 2{,}9)$;
e) $2 \cdot (2x + 7) + 4x + 17 \geqq 4 \cdot (x + 6) - 3 \cdot (2x + 1)$.

Die Gleichung

$$(x+3)\cdot(x+5)-(x-2)\cdot(x+4)=(x+14)\cdot(x-2)-(x-4)\cdot(x-1)$$

enthält die vier Produkte

$$\begin{aligned} &(x+3)\cdot(x+5),\\ &(x-2)\cdot(x+4),\\ &(x+14)\cdot(x-2)\\ \text{und}\quad &(x-4)\cdot(x-1). \end{aligned}$$

Nach unserem bewährten Motto

„Lieber zwei eckige Klammern zu viel als eine zu wenig!“

setzen wir diese Produkte zunächst in eckige Klammern.
Wir erhalten:

$$[(x+3)\cdot(x+5)]-[(x-2)\cdot(x+4)]=[(x+14)\cdot(x-2)]-[(x-4)\cdot(x-1)].$$

Als nächstes müssen wir uns nun an die Berechnung der vier Produkte machen.

Diese erfolgt nach den folgenden Regeln:

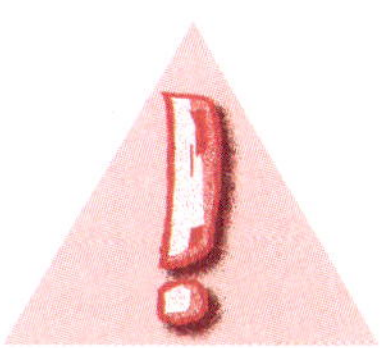

$$(a+b)\cdot(c+d)=a\cdot c+a\cdot d+b\cdot c+b\cdot d;$$
$$(a-b)\cdot(c+d)=a\cdot c+a\cdot d-b\cdot c-b\cdot d;$$
$$(a+b)\cdot(c-d)=a\cdot c-a\cdot d+b\cdot c-b\cdot d;$$
$$(a-b)\cdot(c-d)=a\cdot c-a\cdot d-b\cdot c+b\cdot d.$$

Also ergibt sich:

$$
\begin{aligned}
(x+3)\cdot(x+5) &= x\cdot x+5\cdot x+3\cdot x+3\cdot 5 &&= x^2+8x+15;\\
(x-2)\cdot(x+4) &= x\cdot x+4\cdot x-2\cdot x-2\cdot 4 &&= x^2+2x-8;\\
(x+14)\cdot(x-2) &= x\cdot x-2\cdot x+14\cdot x-14\cdot 2 &&= x^2+12x-28;\\
(x-4)\cdot(x-1) &= x\cdot x-1\cdot x-4\cdot x+4\cdot 1 &&= x^2-5x+4.
\end{aligned}
$$

Und damit sieht unsere Gleichung nun folgendermaßen aus:

$$\left[x^2+8x+15\right]-\left[x^2+2x-8\right]=\left[x^2+12x-28\right]-\left[x^2-5x+4\right].$$

Nachdem wir uns von dem Schreck darüber erholt haben, dass in dieser Gleichung das Quadrat der unbekannten Zahl, also x^2, auftaucht, machen wir uns nun an die weitere Arbeit. Wir lösen im nächsten Schritt die eckigen Klammern auf und erhalten:

$$x^2+8x+15-x^2-2x+8=x^2+12x-28-x^2+5x-4.$$

Und wenn wir nun die Glieder auf beiden Seiten der Gleichung zusammenfassen, erkennen wir, dass wir zu früh erschrocken sind. Die Glieder mit x^2 heben sich gegenseitig auf und wir erhalten

$$
\begin{aligned}
6x+23 &= 17x-32 &&\| -6x\\
23 &= 11x-32 &&\| +32\\
55 &= 11x &&\| :11\\
5 &= x\\
\mathbb{L} &= \{5\}.
\end{aligned}
$$

Probe:

linke Seite	rechte Seite
$(5+3)\cdot(5+5)-(5-2)\cdot(5+4)=$	$(5+14)\cdot(5-2)-(5-4)\cdot(5-1)=$
$8 \cdot 10 - 3 \cdot 9 =$	$19 \cdot 3 - 1 \cdot 4 =$
$80 - 27 = \underline{\underline{53}}$	$57 - 4 = \underline{\underline{53}}$

Weitere Beispiele:

$$(x+10)\cdot(x-7)-(x+3)\cdot(x+1)=2 \quad \| \text{eckige Klammern setzen}$$
$$[(x+10)(x-7)]-[(x+3)(x+1)]=2 \quad \| \text{Ausmultiplizieren}$$
$$[x^2-7x+10x-70]-[x^2+1x+3x+3]=2 \quad \| \text{Zusammenfassen}$$
$$[x^2+3x-70]-[x^2+4x+3]=2 \quad \| \text{eckige Klammern auflösen}$$
$$x^2+3x-70-x^2-4x-3=2 \quad \| \text{Zusammenfassen}$$
$$-x-73=2 \quad \| +x$$
$$-73=2+x \quad \| -2$$
$$-75=x$$
$$\mathbb{L}=\{-75\}.$$

Probe:

linke Seite	rechte Seite
$(-75+10)\cdot(-75-7)-(-75+3)\cdot(-75+1)=$ $(\;-65\;)\cdot(\;-82\;)-(\;-72\;)\cdot(\;-74\;)=$ $5330 \quad - \quad 5328 \quad =\underline{\underline{2}}$	$\underline{\underline{2}}$

$$(3+x)\cdot(4-x)-(x-3)\cdot(x+4)=17x-2\cdot(5+x^2) \quad \| \text{eckige Klammern setzen}$$
$$[(3+x)(4-x)]-[(x-3)(x+4)]=17x-[2(5+x^2)] \quad \| \text{Ausmultiplizieren}$$
$$[12-3x+4x-x^2]-[x^2+4x-3x-12]=17x-[10+2x^2] \quad \| \text{Zusammenfassen}$$
$$[12+x-x^2]-[x^2+x-12]=17x-[10+2x^2] \quad \| \text{eckige Klammern auflösen}$$
$$12+x-x^2-x^2-x+12=17x-10-2x^2 \quad \| \text{Zusammenfassen}$$
$$24-2x^2=17x-10-2x^2 \quad \| +2x^2$$
$$24=17x-10 \quad \| +10$$
$$34=17x \quad \| :17$$
$$2=x$$
$$\mathbb{L}=\{2\}.$$

Probe:

linke Seite	rechte Seite
$(3+2)\cdot(4-2)-(2-3)\cdot(2+4)=$	$17\cdot 2-2\cdot(5+2^2)=$
$5\cdot 2-(-1)\cdot 6=$	$34-2\cdot(5+4)=$
$10-(-6)=$	$34-2\cdot 9=$
$10+6=\underline{\underline{16}}$	$34-18=\underline{\underline{16}}$

$$
\begin{aligned}
(2x+1)\cdot(3x-5)-(5x+1)\cdot(2x-1)&=4-4\cdot(x+3)\cdot(x-1) && \|\text{eckige Klammern setzen}\\
[(2x+1)\cdot(3x-5)]-[(5x+1)\cdot(2x-1)]&=4-[4\cdot(x+3)\cdot(x-1)] && \|\text{Ausmultiplizieren}\\
[6x^2-10x+3x-5]-[10x^2-5x+2x-1]&=4-[4x^2-4x+12x-12] && \|\text{Zusammenfassen}\\
[6x^2-7x-5]-[10x^2-3x-1]&=4-[4x^2+8x-12] && \|\text{eckige Klammern auflösen}\\
6x^2-7x-5-10x^2+3x+1&=4-4x^2-8x+12 && \|\text{Zusammenfassen}\\
-4x^2-4x-4&=16-4x^2-8x && \|+4x^2\\
-4x-4&=16-8x && \|+8x\\
4x-4&=16 && \|+4\\
4x&=20 && \|:4\\
x&=5\\
\mathbb{L}&=\{5\}.
\end{aligned}
$$

Probe:

linke Seite	rechte Seite
$(2\cdot 5+1)\cdot(3\cdot 5-5)-(5\cdot 5+1)\cdot(2\cdot 5-1)=$	$4-4\cdot(5+3)\cdot(5-1)=$
$11\cdot 10-26\cdot 9=$	$4-4\cdot 8\cdot 4=$
$110-234=\underline{\underline{-124}}$	$4-128=\underline{\underline{-124}}$

9 Bestimme ebenso die Lösungsmengen der folgenden Gleichungen:

a) $(x+1)\cdot(4x-3)=(2x+2)\cdot(2x+3)$;
b) $(x-7)\cdot(x-6)=(x+9)\cdot(x+8)-15$;
c) $(5x+1)\cdot(2x-1)-(2x+1)\cdot(3x-5)=(4x+12)\cdot(x-1)-4$;
d) $(x+5{,}5)\cdot(x+6{,}5)-(x+3{,}5)\cdot(x+4{,}5)=28$;
e) $(2{,}4x-1)\cdot(2x-4{,}5)-(2{,}5x+3)\cdot(1{,}2x+1)=(4{,}5x+8{,}5)\cdot(0{,}4x-1{,}6)$;
f) $(x-2)\cdot(2x-3)-(2x-5)\cdot(7x-9)=39-(3x-1)\cdot(4x-6)$;
g) $(4x-1)\cdot(x+12)=(3x-14)\cdot(5+2x)-(2x-6)\cdot(x-7)$;
h) $(2x-1)\cdot(3x-2)-(4x-3)\cdot(3x+1)=37-(x+2)\cdot(6x+3)$;
i) $(5x-3)\cdot(2x+5)-(2x-5)\cdot(5x+3)=(3x-8)\cdot(6x+7)-(6x-7)\cdot(3x+8)$;
k) $(2x+1)\cdot(5x-4)-(4x+9)\cdot(3x-2)=(2x+7)\cdot(11-x)+48$.

Auf entsprechende Weise lässt sich auch die Lösungsmenge einer derartigen Ungleichung bestimmen.

$$(x-2)\cdot(x+5)-(x-3)\cdot(x+7)\leqq 56-4\cdot(10-x) \quad \| \text{eckige Klammern setzen}$$
$$[(x-2)\cdot(x+5)]-[(x-3)\cdot(x+7)]\leqq 56-[4\cdot(10-x)] \quad \| \text{Ausmultiplizieren}$$
$$[x^2+3x-10]-[x^2+4x-21]\leqq 56-[40-4x] \quad \| \text{eckige Klammern auflösen}$$
$$x^2+3x-10-x^2-4x+21\leqq 56-40+4x \quad \| \text{Zusammenfassen}$$
$$-x+11\leqq 16+4x \quad \| +x$$
$$11\leqq 16+5x \quad \| -16$$
$$-5\leqq 5x \quad \| :5$$
$$-1\leqq x$$
$$\mathbb{L}=\{x \mid x\geqq -1\}.$$

10 Bestimme ebenso die Lösungsmengen der folgenden Ungleichungen:

a) $(3x-5)\cdot(2x+5)<(6x-4)\cdot(x+1)$;
b) $(2x-3)\cdot(10x+9)>(5x-16)\cdot(4x+7)$;
c) $(x-7)\cdot(x-6)\leqq(x+9)\cdot(x+8)-90$;
d) $(x-2)\cdot(x+5)-4\cdot(x-10)\geqq 56-(x+7)\cdot(3-x)$;
e) $(4x-4)\cdot(x+3)+20>(2x-1)\cdot(5x+1)-(3x-5)\cdot(2x+1)$.

Gelegentlich tauchen in Gleichungen auch Quadrate von Klammern auf.

$$(x+6)^2-(x-9)^2=150.$$

In einem solchen Fall kannst du die Quadrate stets durch ein Produkt aus zwei gleichen Faktoren ersetzen.
Es gilt nämlich:

$$(x+6)^2=(x+6)\cdot(x+6)$$
$$\text{und}\quad (x-9)^2=(x-9)\cdot(x-9).$$

Damit erhält aber unsere Gleichung die uns mittlerweile sehr vertraute Form

$$(x+6)\cdot(x+6)-(x-9)\cdot(x-9)=150.$$

Wir können sie nach bewährtem Muster lösen.

$$\begin{aligned}
[(x+6)\cdot(x+6)]-[(x-9)\cdot(x-9)]&=150\\
[x^2+6x+6x+36]-[x^2-9x-9x+81]&=150\\
[x^2+12x+36]-[x^2-18x+81]&=150\\
x^2+12x+36-x^2+18x-81&=150\\
30x-45&=150\\
30x&=195\\
x&=6{,}5\\
\mathbb{L}&=\{6{,}5\}.
\end{aligned}$$

Probe:

linke Seite	rechte Seite
$(6{,}5+6)^2-(6{,}5-9)^2=$ $12{,}5^2 - (-2{,}5)^2 =$ $156{,}25 - 6{,}25 = \underline{\underline{150}}$	$\underline{\underline{150}}$

Zwei Zeilen Schreibarbeit kannst du dir sparen, wenn du dir die **binomischen Formeln** ins Gedächtnis zurückrufst.
Sie lauten:

$$\begin{aligned}
(a+b)^2 &= a^2+2ab+b^2;\\
(a-b)^2 &= a^2-2ab+b^2;\\
(a+b)\cdot(a-b) &= a^2-b^2.
\end{aligned}$$

Unter Verwendung dieser Formeln können wir den Lösungsweg unserer Gleichung

$$(x+6)^2-(x-9)^2=150$$

sofort mit der Zeile

$$[x^2+12x+36]-[x^2-18x+81]=150$$

beginnen und dann wie gewohnt weiter fortsetzen.

Dazu einige Beispiele in verkürzter Form.

- $$\begin{aligned}(x+4)^2-(x-3)\cdot(x+3)&=2\cdot(x-7)\\ \left[x^2+8x+16\right]-\left[x^2-9\right]&=2x-14\\ x^2+8x+16-x^2+9&=2x-14\\ 8x+25&=2x-14\\ 6x&=-39\\ x&=-6{,}5\\ \mathbb{L}&=\{-6{,}5\}.\end{aligned}$$

Probe:

linke Seite	rechte Seite
$(-6{,}5+4)^2-(-6{,}5-3)\cdot(-6{,}5+3)=$	$2\cdot(-6{,}5-7)=$
$(-2{,}5)^2 - (-9{,}5)\cdot(-3{,}5)=$	$2\cdot(-13{,}5)=\underline{\underline{-27}}$
$6{,}25 - 33{,}25=\underline{\underline{-27}}$	

- $$\begin{aligned}(x-7)^2-(x-3)^2&=(x+5)^2-(x+4)^2+11\\ \left[x^2-14x+49\right]-\left[x^2-6x+9\right]&=\left[x^2+10x+25\right]-\left[x^2+8x+16\right]+11\\ x^2-14x+49-x^2+6x-9&=x^2+10x+25-x^2-8x-16+11\\ -8x+40&=2x+20\\ 20&=10x\\ 2&=x\\ \mathbb{L}&=\{2\}.\end{aligned}$$

Probe:

linke Seite	rechte Seite
$(2-7)^2-(2-3)^2=$	$(2+5)^2-(2+4)^2+11=$
$(-5)^2-(-1)^2=$	$7^2-6^2+11=$
$25-1=\underline{\underline{24}}$	$49-36+11=\underline{\underline{24}}$

11 Bestimme ebenso die Lösungsmengen der folgenden Gleichungen:

a) $(x + 5)^2 - (x - 7)^2 = (x + 4)^2 - (x - 3)^2 - 11;$
b) $(x + 6)^2 - (x - 9)^2 = (x + 8)^2 - (x + 5)^2;$
c) $(x - 7)^2 - (x - 3)^2 = (x + 5)^2 - (x + 4)^2 + 11;$
d) $(13x - 18)^2 - (5x + 3)^2 = (12x - 17)^2 - 7 \cdot (10x + 2);$
e) $(3x + 2)^2 - (5x - 3) \cdot (5x + 3) = (3x + 1) \cdot (3x - 1) - (5x - 2)^2;$
f) $(7x - 6)^2 + (5x - 11)^2 - 8 \cdot (4x - 9) \cdot (4x + 9) = 73 - 6 \cdot (3x + 5) \cdot (3x - 5);$
g) $(x + 14)^2 - (46 + 7x) \cdot (2x - 1) = (6 - 3x) \cdot (6 + 3x) - (7 - 2x)^2;$
h) $(5 - 3x)^2 - (3 + 2x) \cdot (3 - 2x) + (x + 6)^2 = 2 \cdot (7x^2 - 22x);$
i) $6 \cdot (x^2 + 5x) + 2 \cdot (x - 3)^2 = 5x^2 - 102 + 3 \cdot (x + 4)^2;$
k) $(x - 0{,}5) \cdot (x + 0{,}5) - (x - 0{,}2)^2 + 4{,}44 = (x + 1{,}2)^2 - (x + 0{,}3)^2.$

Und bei entsprechenden Ungleichungen sieht der Lösungsweg so aus wie im folgenden Beispiel:

$$\begin{aligned}
(x-1{,}5)^2 &> 2\cdot(x-2{,}5)\cdot(x+2{,}5)-(x+0{,}5)^2\\
x^2-3x+2{,}25 &> 2\cdot(x^2-6{,}25)-[x^2+x+0{,}25]\\
x^2-3x+2{,}25 &> 2x^2-12{,}5-x^2-x-0{,}25\\
x^2-3x+2{,}25 &> x^2-x-12{,}75\\
-3x+2{,}25 &> -x-12{,}75\\
15 &> 2x\\
7{,}5 &> x\\
\mathbb{L} &= \{x \mid x<7{,}5\}.
\end{aligned}$$

12 Bestimme ebenso die Lösungsmengen der folgenden Ungleichungen:

a) $(2x - 1)^2 - (x + 3)^2 > (2x - 9) \cdot (2x + 2) - (x + 5) \cdot (x - 5) + 1;$
b) $(x - 9)^2 - (x + 6)^2 < (x + 5)^2 - (x + 8)^2 + 84;$
c) $(8x + 2)^2 + 4 \cdot (x + 5) \cdot (x - 5) \geqq (2x + 3)^2 - (5 - 8x) \cdot (5 + 8x);$
d) $(5x + 3)^2 - (3x + 4) \cdot (3x - 4) \leqq x \cdot (16x + 5);$
e) $(x + 3)^2 + 2 \cdot (2x + 1) \cdot (2x - 1) > (5 - 3x)^2.$

Kapitel 5

Abschlusstest

1 Bestimme die Lösungsmengen der folgenden Gleichungen:

a) $(6x - 11) \cdot (x + 7) - (5x^2 + 3x) = 2 \cdot (x - 21) - (9 - x) \cdot (x - 5)$;
b) $(2x + 3)^2 - (3x + 2) \cdot (3x - 2) = (x - 4)^2 - (2x + 5) \cdot (3x - 3) - (3x + 2)$;
c) $4 \cdot (5x - 4) \cdot (3x - 2) - (9x - 7) \cdot (5x - 3) = 3 \cdot (x - 2) \cdot (5x - 8) + 19$;
d) $(2x - 4{,}5) \cdot (2{,}4x - 1) - (2{,}5\,x + 3) \cdot (1{,}2x + 1) = (0{,}4x - 1{,}6) \cdot (4{,}5x + 8{,}5)$;
e) $2 \cdot (5x + 12) \cdot (3x - 4) - 9x \cdot (2 - x) = 32 - 3 \cdot (x + 2) \cdot (10 - 13x)$.

2 Bestimme die Lösungsmengen der folgenden Ungleichungen:

a) $3 \cdot (x - 2) \cdot (2x - 3) - (3x - 4) \cdot (2x - 1) > 4 \cdot (5 - 3x)$;
b) $(x - 4) \cdot (3 + 2x) - (x - 3)^2 < 1 - (5 - x) \cdot (x - 2)$;
c) $3{,}5x - 15 \cdot (0{,}4x + 0{,}5) + 0{,}2 \cdot (30x - 7) \geqq 3{,}5 \cdot (x + 1) - (13{,}5x - 1{,}1)$;
d) $10 \cdot (9x - 4) - 6 \cdot (5x - 1) + 12 \cdot (5 - 6x) \leqq 68 - 12x + 6 \cdot (x - 4)$;
e) $(3x + 2)^2 - (5 + 6x) \cdot (5 - 6x) > 4 \cdot (1 - x^2) - (1 - 7x) \cdot (1 + 7x)$.

Lösungen

Zu den Aufgaben des 1. Kapitels

1 a) {63}; b) {132}; c) {0,9}; d) {11,7}; e) {2612}; f) {−15}; g) {13,455}; h) $\left\{\frac{3}{40}\right\}$; i) {1118}; k) $\left\{\frac{13}{24}\right\}$; l) {51}; m) {592}; n) {83,27}; o) {−17}; p) $\left\{\frac{4}{25}\right\}$; q) $\left\{\frac{3}{4}\right\}$; r) {−2,09}; s) {16 272}; t) {−16 272}; u) {42,45}.

2 a) {1208}; b) {2501}; c) {21,64}; d) $\left\{8\frac{7}{8}\right\}$; e) {−250}; f) {−2,695}; g) $\left\{\frac{4}{15}\right\}$; h) {991}; i) {7,25}; k) {29,82}.

3 a) {643}; b) {14 603}; c) {27}; d) $\left\{17\frac{1}{3}\right\}$; e) {4,862}; f) {78,783}; g) {109 575}; h) {109 575}; i) $\left\{1\frac{7}{25}\right\}$; k) 165,38.

4 a) {845}; b) {85,58}; c) {38 443}; d) $\left\{66\frac{7}{8}\right\}$; e) {777,77}; f) {41}; g) {64,37826}; h) {167 009}; i) {83,06}; k) $\left\{\frac{79}{75}\right\}$.

5 a) {359}; b) {895}; c) {69,37}; d) $\left\{9\frac{1}{4}\right\}$; e) {−158}; f) {−0,97}; g) {29}; h) {2712}; i) $\left\{\frac{5}{24}\right\}$; k) {3,707}.

6 a) {271}; b) {3553}; c) {20,27}; d) $\left\{5\frac{7}{12}\right\}$; e) {27,7}; f) {−27,7}; g) {1256}; h) $\left\{\frac{4}{9}\right\}$; i) {0,9}; k) {2,5}.

7
a) $\{12\}$; b) $\{7{,}2\}$; c) $\{45\}$; d) $\{0{,}8\}$; e) $\{12{,}5\}$;
f) $\{321\}$; g) $\left\{\frac{4}{9}\right\}$; h) $\{16\}$; i) $\{4{,}2\}$; k) $\{0{,}25\}$;
l) $\{18\}$; m) $\{7{,}2\}$; n) $\{45\}$; o) $\{0{,}88\}$; p) $\left\{\frac{15}{16}\right\}$;
q) $\left\{\frac{16}{15}\right\}$; r) $\{25\}$; s) $\{0{,}04\}$; t) $\{3{,}4\}$; u) $\{0{,}18\}$.

8
a) $\{15\}$; b) $\{44\}$; c) $\{44\}$; d) $\{44\}$; e) $\{4{,}4\}$;
f) $\{125\}$; g) $\{9{,}8\}$; h) $\{15{,}5\}$; i) $\{150\}$; k) $\{0{,}12\}$.

9
a) $\{476\}$; b) $\{2340\}$; c) $\{513{,}6\}$; d) $\{18{,}56\}$; e) $\left\{\frac{11}{15}\right\}$;
f) $\{15\,625\}$; g) $\{1562{,}5\}$; h) $\{1562{,}5\}$; i) $\left\{\frac{207}{8}\right\}$; k) $\{3{,}48\}$.

10
a) $\{3900\}$; b) $\{33\,384\}$; c) $\{560\}$; d) $\{0{,}96\}$; e) $\left\{\frac{2}{3}\right\}$;
f) $\{7{,}107\}$; g) $\{189{,}12\}$; h) $\{10{,}5\}$; i) $\{25{,}675\}$; k) $\{10\,656\}$.

11
a) $\{5\}$; b) $\{53\}$; c) $\{18\}$; d) $\{3{,}5\}$; e) $\left\{\frac{4}{5}\right\}$;
f) $\{24\}$; g) $\{12\}$; h) $\{0{,}012\}$; i) $\{0{,}25\}$; k) $\{4\}$.

12
a) $\{14\}$; b) $\{22\}$; c) $\{0{,}5\}$; d) $\{9\}$; e) $\{0{,}8\}$;
f) $\{4{,}2\}$; g) $\{11\}$; h) $\{8\}$; i) $\{7{,}5\}$; k) $\{25\}$.

13
a) $\{399\}$; b) $\{24{,}33\}$; c) $\{18\}$; d) $\{5813\}$;
e) $\{4{,}2\}$; f) $\{3575\}$; g) $\{18\}$; h) $\{-821\}$;
i) $\{31{,}1\}$; k) $\{1{,}25\}$; l) $\{90\,646\}$; m) $\{16\}$;
n) $\{-3{,}78\}$; o) $\{1{,}295\}$; p) $\{1304\}$; q) $\{82\}$.

Test zum 1. Kapitel

1
a) $\{1065\}$; b) $\{1246\}$; c) $\{3039\}$; d) $\{3384\}$.

2
a) $\{250\}$; b) $\{6922\}$; c) $\{745\}$; d) $\{6941\}$.

3 a) $\{27\}$; b) $\{16\}$; c) $\{24\}$; d) $\{52\}$.

4 a) $\{896\}$; b) $\{5375\}$; c) $\{13\}$; d) $\{9\}$.

Zu den Aufgaben des 2. Kapitels

1 a) $\{x|x < 17\}$; b) $\{x|x > 3\}$; c) $\{x|x \leqq -15\}$; d) $\{x|x > 37\}$; e) $\{x|x < 56\}$; f) $\{x|x \geqq 22\}$; g) $\{x|x > 100\}$; h) $\{x|x < -14\}$; i) $\{x|x \geqq -100\}$; k) $\{x|x \leqq 120\}$.

2 a) $\{x|x > 11\}$; b) $\{x|x \leqq 33\}$; c) $\{x|x < 4{,}6\}$; d) $\{x|x \geqq 12\}$; e) $\{x|x < 6{,}5\}$; f) $\{x|x \geqq -0{,}1\}$; g) $\{x|x < 8\}$; h) $\{x|x > -44\}$; i) $\{x|x > 2{,}5\}$; k) $\{x|x > -5{,}6\}$.

3 a) $\{x|x > 15\}$; b) $\{x|x \leqq 2{,}5\}$; c) $\{x|x > 15{,}5\}$; d) $\{x|x < 75\}$; e) $\{x|x \geqq 6{,}25\}$; f) $\{x|x < 0{,}5\}$; g) $\{x|x < 16{,}8\}$; h) $\{x|x \leqq 3\}$; i) $\{x|x > 4\}$; k) $\{x|x > 68\}$.

4 a) $\{x|x > 105\}$; b) $\left\{x|x < 8\frac{1}{3}\right\}$; c) $\{x|x \leqq 8\}$; d) $\{x|x > 41\}$; e) $\{x|x \geqq 55\}$; f) $\{x|x > -3\}$; g) $\{x|x \leqq 19\}$; h) $\{x|x < -3\}$; i) $\{x|x > 12\}$; k) $\{x|x > 176\}$; l) $\{x|x < 2{,}4\}$; m) $\{x|x < 58\}$; n) $\{x|x \leqq 62\}$; o) $\{x|x > 62\}$; p) $\{x|x < 81\}$; q) $\{x|x < -13\}$.

Test zum 2. Kapitel

1 a) $\{x|x < 94\}$; b) $\{x|x \geqq 108\}$; c) $\{x|x < 26\}$; d) $\{x|x > -105\}$.

2 a) $\{x|x > 32\}$; b) $\{x|x \geqq 177\}$; c) $\{x|x < 720\}$; d) $\{x|x < 37\}$.

3 a) $\{x|x < 4\}$; b) $\left\{x|x > 5\frac{1}{3}\right\}$; c) $\{x|x \geqq 4\}$; d) $\left\{x|x < 5\frac{1}{3}\right\}$.

4 a) $\{x|x > 196\}$; b) $\{x|x \leqq 345\}$; c) $\{x|x < 416\}$; d) $\{x|x > 875\}$.

Zu den Aufgaben des 3. Kapitels

1
a) $\{7\}$; **b)** $\{12\}$; **c)** $\{144\}$; **d)** $\{135\}$; **e)** $\{16\}$;
f) $\{25\}$; **g)** $\{3{,}5\}$; **h)** $\{17\}$; **i)** $\{1392\}$; **k)** $\{324\}$;
l) $\{12\}$; **m)** $\{21\}$; **n)** $\{2{,}4\}$; **o)** $\{5{,}875\}$; **p)** $\{14{,}82\}$;
q) $\{4{,}875\}$; **r)** $\{1{,}5\}$; **s)** $\{2{,}3\}$.

2
a) $\{12\}$; **b)** $\{7832\}$; **c)** $\{6\}$; **d)** $\{99\}$; **e)** $\{12\,672\}$;
f) $\{1{,}3\}$; **g)** $\{7{,}6\}$; **h)** $\{2{,}5\}$; **i)** $\{378\}$; **k)** $\{3\}$.

3
a) $\{7\}$; **b)** $\{18\}$; **c)** $\{6{,}5\}$; **d)** $\{3{,}6\}$; **e)** $\left\{\frac{5}{2}\right\}$;
f) $\{7\}$; **g)** $\{1{,}25\}$; **h)** $\{17\}$; **i)** $\{4{,}7\}$; **k)** $\{7{,}2\}$.

4
a) $\{18\}$; **b)** $\{81\}$; **c)** $\{54\}$; **d)** $\{4\}$; **e)** $\{408\}$;
f) $\{600\}$; **g)** $\{3150\}$; **h)** $\{1364\}$; **i)** $\{7\}$; **k)** $\{7\}$;
l) $\{6\}$; **m)** $\{11\}$; **n)** $\{21\}$; **o)** $\{23\}$; **p)** $\{9\}$;
q) $\{12\}$; **r)** $\{276\}$; **s)** $\{225\}$; **t)** $\{602\}$; **u)** $\{363\}$;
v) $\{8\}$; **w)** $\{6\}$; **x)** $\{3\}$; **y)** $\{9\}$; **z)** $\{12\}$.

5
a) $\{x|x < 13\}$; **b)** $\{x|x > 24\}$; **c)** $\{x|x \leqq 18\}$; **d)** $\{x|x < 6\}$;
e) $\{x|x < 456\}$; **f)** $\{x|x \geqq 183\}$; **g)** $\{x|x > 216\}$; **h)** $\{x|x > 105\}$;
i) $\{x|x \leqq 6\}$; **k)** $\{x|x \geqq 1\}$; **l)** $\{x|x \geqq 12\}$; **m)** $\{x|x < 5\}$;
n) $\{x|x > 288\}$; **o)** $\{x|x < 192\}$; **p)** $\{x|x > 1029\}$; **q)** $\{x|x < 320\}$.

6
a) $\{15\}$; **b)** $\{25\}$; **c)** $\{328\}$; **d)** $\{15\}$; **e)** $\{0\}$;
f) $\{19\}$; **g)** $\{56\}$; **h)** $\{9\}$; **i)** $\{1582\}$; **k)** $\{108\}$;
l) $\{68\}$; **m)** $\{36\}$; **n)** $\{25\}$; **o)** $\{34\}$; **p)** $\{16\}$;
q) $\{143\}$; **r)** $\{13\}$; **s)** $\{100\}$; **t)** $\{23\}$; **u)** $\{23\}$;
v) $\{8\}$; **w)** $\{19\}$; **x)** $\{112\}$; **y)** $\{18\}$; **z)** $\{28\}$.

7
a) $\{x|x < 7\}$; **b)** $\{x|x \geqq 9\}$; **c)** $\{x|x > 142\}$; **d)** $\{x|x > 45\}$;
e) $\{x|x \geqq 11\}$; **f)** $\{x|x < 16\}$; **g)** $\{x|x \geqq 11\}$; **h)** $\{x|x < 18\}$;
i) $\{x|x < 12\}$; **k)** $\{x|x > 2565\}$; **l)** $\{x|x > 18\}$; **m)** $\{x|x \leqq 68\}$;
n) $\{x|x \geqq 23\}$; **o)** $\{x|x \leqq 2216\}$; **p)** $\{x|x < 15\}$; **q)** $\{x|x > 4000\}$;

7 r) $\{x|x \leqq 350\}$; s) $\{x|x \leqq 31\}$; t) $\{x|x > 179\}$; u) $\{x|x > 17\}$.

8
a) $38x$; b) $5x$; c) $4{,}1x$; d) $2{,}1x$;
e) $\frac{19}{12}x$; f) $29x$; g) $\frac{1}{8}x$; h) $25x$.

9
a) $\{7\}$; b) $\{4\}$; c) $\{8\}$; d) $\{6\}$; e) $\{2\}$;
f) $\{12\}$; g) $\{15\}$; h) $\{2{,}5\}$; i) $\{11\}$; k) $\{2{,}2\}$;
l) $\{15\}$; m) $\{52\}$; n) $\{44\}$; o) $\{5\}$; p) $\{29\}$;
q) $\{12\}$; r) $\{19\}$; s) $\{-17\}$; t) $\{-11\}$; u) $\{-8\}$.

10
a) $\{x|x < 3\}$; b) $\{x|x > 8\}$; c) $\{x|x > 12\}$; d) $\{x|x < 18\}$;
e) $\{x|x > 125\}$; f) $\{x|x < 22\}$; g) $\{x|x < 3\}$; h) $\{x|x < 5\}$;
i) $\{x|x < 9\}$; k) $\{x|x > 1{,}2\}$; l) $\{x|x > 6\}$; m) $\{x|x < 15\}$;
n) $\{x|x < 9\}$; o) $\{x|x > 17\}$; p) $\{x|x \leqq 7{,}5\}$; q) $\{x|x > -2\}$;
r) $\{x|x > -12\}$; s) $\{x|x \leqq -5\}$; t) $\{x|x \leqq -4{,}5\}$; u) $\{x|x \leqq 0\}$.

11
a) $56x$; b) $65x$; c) $84x$; d) $5{,}4x$;
e) $2{,}4x$; f) $105x$; g) $105x$; h) $105x$.

12
a) $\{3\}$; b) $\{12\}$; c) $\{7\}$; d) $\{3\}$; e) $\{5\}$;
f) $\{2\}$; g) $\{2\}$; h) $\{3\}$; i) $\{12\}$; k) $\{8\}$;
l) $\{6{,}3\}$; m) $\{1{,}2\}$; n) $\{0{,}25\}$; o) $\{-2\}$; p) $\{-5\}$;
q) $\{-1\}$; r) $\{3\}$; s) $\{7\}$; t) $\{2\}$; u) $\{-4\}$.

13
a) $\{x|x > 3\}$; b) $\{x|x > 2\}$; c) $\{x|x < 5\}$; d) $\{x|x > 18\}$;
e) $\{x|x > 17\}$; f) $\{x|x \leqq 4\}$; g) $\{x|x > 3\}$; h) $\{x|x \geqq 5\}$;
i) $\{x|x < 1\}$; k) $\{x|x > 4\}$; l) $\{x|x > 4\}$; m) $\{x|x < 3\}$;
n) $\{x|x < 2{,}5\}$; o) $\{x|x \leqq -2\}$; p) $\{x|x > -1\}$; q) $\{x|x \leqq 0\}$;
r) $\{x|x < 3\}$; s) $\{x|x > -8\}$; t) $\{x|x < -11\}$; u) $\{x|x < -1{,}5\}$.

Test zum 3. Kapitel

1 a) $\{5\}$; b) $\{18\}$; c) $\{5\}$; d) $\{276\}$; e) $\{208\}$; f) $\{5\}$.

2 **a)** $\{x|x > 4\}$; **b)** $\{x|x > 6\}$; **c)** $\{x|x \geqq 144\}$; **d)** $\{x|x \leqq 105\}$; **e)** $\{x|x < 99\}$; **f)** $\{x|x \geqq 91\}$.

3 **a)** $\{12\}$; **b)** $\{5\}$; **c)** $\{27\}$; **d)** $\{6\}$; **e)** $\{25\}$; **f)** $\{15\}$.

4 **a)** $\{x|x < 6\}$; **b)** $\{x|x < 1\}$; **c)** $\{x|x < 33\}$; **d)** $\{x|x \geqq 15\}$; **e)** $\{x|x > 3\}$; **f)** $\{x|x > 17\}$.

5 **a)** $\{6\}$; **b)** $\{6\}$; **c)** $\{6\}$; **d)** $\{6\}$; **e)** $\{-2\}$; **f)** $\{-5\}$.

6 **a)** $\{x|x < 6\}$; **b)** $\{x|x > 5\}$; **c)** $\{x|x \geqq 3\}$; **d)** $\{x|x > 2\}$; **e)** $\{x|x \geqq -2\}$; **f)** $\{x|x > -6\}$.

Zu den Aufgaben des 5. Kapitels

1 **a)** $\{3\}$; **b)** $\{5\}$; **c)** $\{2\}$; **d)** $\{5\}$; **e)** $\{11{,}5\}$; **f)** $\{47\}$; **g)** $\{26\}$; **h)** $\{-5{,}5\}$; **i)** $\{2\}$; **k)** $\{-1{,}25\}$; **l)** $\{9{,}5\}$; **m)** $\{5\}$; **n)** $\{6\}$; **o)** $\{3{,}5\}$; **p)** $\{-3{,}3\}$.

2 **a)** $\{x|x < 1\}$; **b)** $\{x|x > 3\}$; **c)** $\{x|x \leqq 2\}$; **d)** $\{x|x \geqq -6\}$; **e)** $\{x|x > 7\}$; **f)** $\{x|x > 0{,}7\}$; **g)** $\{x|x \leqq 3{,}5\}$; **h)** $\{x|x \geqq 2\}$; **i)** $\{x|x < 0\}$; **k)** $\{x|x \geqq 1\}$.

3 **a)** $\{11\}$; **b)** $\{0{,}1\}$; **c)** $\{1\}$; **d)** $\{0\}$; **e)** $\{4\}$; **f)** $\{3\}$; **g)** $\{4\}$; **h)** $\{4\}$; **i)** $\{8\}$; **k)** $\{4\}$.

4 **a)** $\{x|x < 2\}$; **b)** $\{x|x > 5\}$; **c)** $\{x|x \leqq 4\}$; **d)** $\left\{x|x \leqq -\frac{1}{9}\right\}$; **e)** $\{x|x < 1\}$; **f)** $\{x|x \geqq 11\}$; **g)** $\{x|x > 1\}$; **h)** $\{x|x < 40\}$; **i)** $\{x|x < 7\}$; **k)** $\{x|x < -2\}$.

5 **a)** $\{3\}$; **b)** $\{2\}$; **c)** $\{-10\}$; **d)** $\{206\}$; **e)** $\{2\}$; **f)** $\{3{,}5\}$; **g)** $\{12\}$; **h)** $\{2{,}5\}$; **i)** $\{-9\}$.

6 a) $\{x|x < 3\}$; b) $\{x|x > 5\}$; c) $\{x|x \geqq 1{,}5\}$;
d) $\{x|x \geqq 1{,}2\}$; e) $\{x|x < 7\}$.

7 a) $\{2\}$; b) $\{7\}$; c) $\{3\}$; d) $\{2{,}2\}$; e) $\{1{,}5\}$;
f) $\{4\}$; g) $\{2\}$; h) $\{3\}$; i) $\{1\}$; k) $\{3\}$.

8 a) $\{x|x < 1\}$; b) $\{x|x < 27\}$; c) $\{x|x \geqq 6\}$;
d) $\{x|x > 2\}$; e) $\{x|x \geqq -1\}$.

9 a) $\{-1\}$; b) $\{-0{,}5\}$; c) $\{5\}$; d) $\{2\}$; e) $\{1\}$;
f) $\{3\}$; g) $\{-2{,}5\}$; h) $\{2\}$; i) $\{0\}$; k) $\{-3\}$.

10 a) $\{x|x < 7\}$; b) $\{x|x > -5\}$; c) $\{x|x \geqq 2\}$;
d) $\{x|x \leqq -1\}$; e) $\{x|x > -1\}$.

11 a) $\{2\}$; b) $\{3{,}5\}$; c) $\{2\}$; d) $\{2\}$; e) $\{2{,}25\}$;
f) $\{3\}$; g) $\{3\}$; h) $\{-2\}$; i) $\{12\}$; k) $\{2\}$.

12 a) $\{x|x > 4\}$; b) $\{x|x > 0\}$; c) $\{x|x \geqq 4\}$;
d) $\{x|x \leqq -1\}$; e) $\left\{x|x > \frac{1}{2}\right\}$.

Zu den Aufgaben des Abschlusstests

1 a) $\{2\}$; b) $\{0{,}5\}$; c) $\{2\}$; d) $\{1\}$; e) $\{-2\}$.

2 a) $\{x|x > 3\}$; b) $\{x|x < 4\}$; c) $\{x|x \geqq 1\}$;
d) $\{x|x \geqq -3\}$; e) $\{x|x > 2\}$.